Doris Süess Schröttle

Pferde longieren

Ausrüstung, Körperhaltung, gymnastizierende Übungen

KOSMOS®

Hinweis
In diesem Buch wird eine vielfach bewährte und erfolgreich erprobte Methode des Longierens vorgestellt, die besonders auf die Bedürfnisse von Freizeitreitern abgestimmt ist. Der Inhalt der Innenklappe und der ExtraTipps richtet sich nach den offiziellen Richtlinien der FN zum Longierabzeichen.

Sinnvoll Longieren

Mal ganz ehrlich: Wie viele Reiter kennen Sie, die das Longieren schätzen, die vom Longieren so richtig begeistert sind?

Dabei ist Longieren weit mehr als das häufig praktizierte Toben lassen an der langen Leine – Longieren muss ebenso wie Reiten und der Umgang mit dem Pferd erlernt werden. Und auch hier gibt es verschiedene Varianten. In diesem Buch erfahren Sie eine Art des Longierens, die für die Bedürfnisse von Freizeitreitern besonders geeignet ist. Es fließen Elemente unterschiedlicher Ausbildungsmethoden ein, und immer steht dabei im Vordergrund, das Pferd zu gymnastizieren und das Verständnis von Pferd und Reiter zu verbessern. Erfolgreich mit Pferden arbeiten heißt auch, die Fähigkeit zu haben, eine Situation aus der Sicht des Pferdes anzuschauen. Nicht das Pferd lernt unsere Sprache, wir müssen die Sprache des Pferdes lernen! Wenn wir die Reaktionen der Pferde als offenes, klares Feedback verstehen und die Flexibilität erreichen, auf die Pferde in ihrer Sprache einzugehen, haben wir einen großen Fortschritt in der Pferdeausbildung gemacht. Der Weg zu einer kreativen und kraftvollen Partnerschaft ist bereitet.

Bevor es losgeht: Sinn und Zweck des Longierens

▸ Longieren: Abwechslung und Herausforderung

Longieren kann für Pferd und Reiter sehr abwechslungs- und lehrreich sein. Longieren heißt nicht nur, das Pferd im Kreis herum Schritt gehen, traben oder galoppieren zu lassen.

Longieren ist eine überaus facettenreiche Arbeit, die Pferd und Reiter gleichermaßen Spaß machen kann. Es ist eine Herausforderung für jeden Reiter. Je mehr ich selbst über das Longieren gelernt habe beziehungsweise je mehr mich die Pferde gelehrt haben, desto größer wurde meine Freude an dieser überaus abwechslungsreichen Arbeit.

Von der Arbeit an der Longe profitieren Pferd und

Die Beziehung zwischen Pferd und Mensch muss stimmen

Facettenreiches Longieren

Reiter gleichermaßen. Ein Pferd gut zu longieren ist keine Hexerei. Vielmehr ist es die Konsequenz eines logischen und pferdegerechten Aufbaus, der auf die physischen und psychischen Eigenschaften des Pferdes Rücksicht nimmt.

Dieses Buch wird Sie in logischen und nachvollziehbaren Schritten in die Kunst des Longierens einführen, und es wird Ihnen aufzeigen, wie groß die Bandbreite dieser Ausbildungsmethode sein kann.

Weshalb longieren?

Von seiner Natur aus ist das Pferd nicht für das Tragen von Lasten geschaffen. Dies bedeutet, dass in der Ausbildung des jungen Pferdes wie auch der des Reitpferdes oder des rekonvaleszenten Pferdes viel Wert auf den Aufbau der richtigen Muskulatur zum Tragen des Reitergewichtes gelegt werden muss. Der Aufbau der richtigen Muskulatur ist demnach auch ein Ziel der Longenarbeit. Das Pferd lernt, in einer freiwilligen Dehnungshaltung zu gehen und eine Selbsthaltung zu entwickeln, aus der Takt, Losgelassenheit, Anlehnung und Schwung entstehen kann. Über die Dehnungshaltung wird gleichzeitig die Rückenmuskulatur gestärkt und der Einsatz der Hinterhand gewährleistet.

Durch die Arbeit an der Longe wird ein Verständigungssystem zwischen Pferd und Reiter aufgebaut, das sich nahtlos auf das Reiten übertragen lässt. Der Aufbau von Vertrauen und einer klaren Körpersprache bzw. Verständigung zwischen Mensch und

Gut Longieren heißt ...

- eine Sensibilität für die Grundbedürfnisse des Pferdes zu entwickeln, ein scharfes Auge für die Übungen an der Longe zu bekommen, die dem Pferd helfen, in die gewünschte Haltung zu kommen. Übungen, die dem Pferd auch ohne Hilfszügel zeigen, wie es zu Selbsthaltung, Takt, Rhythmus und Losgelassenheit finden kann.
- eine Kommunikation und Sprache aufzubauen, welche dem Pferd vertraut ist und ihm entspricht. Dabei gilt zu berücksichtigen, dass Kommunikation von uns zum Pferd und auch vom Pferd zu uns stattfindet!
- aus der eigenen Mitte heraus mit dem Pferd arbeiten zu lernen. Pferde verstehen unsere Emotionen wie Ungeduld, Stress, Ärger etc. überhaupt nicht. Sie gehören nicht in ihre Welt.

Pferd sind ebenso Ziele des Longierens wie die Klärung der Dominanz. Ich zögere immer wieder, das Wort »Dominanz« in der Pferdewelt zu verwenden, weil ich oft sehe, wie gerade mit diesem Wort ein Missbrauch zu Ungunsten des Pferds betrieben wird. Dominanz im Zusammenhang mit Pferdearbeit möchte ich so definiert wissen: Dominanz gebrauche ich im Sinne einer klaren Rangordnung. Die Rangordnung ist nicht etwa ein Status, der einmal erworben für immer Gültigkeit besitzt. Die Dominanz wird sehr subtil immer wieder von neuem geklärt und bestätigt und führt so zu einer immer klareren und vertrauensvolleren Beziehung zwischen Mensch und Pferd. Zur Dominanz gehört die

Pferde sind von Natur aus nicht für das Tragen von Lasten geschaffen

Übernahme der Körpersprache der Pferde und das Integrieren einiger wichtiger Verhaltensweisen. Der Mensch lernt, sich gegenüber dem Pferd klar und gelassen auszudrücken, sein eigenes inneres Zentrum zu finden und eine wahrhaftige Präsenz im Umgang mit den Pferden zu entwickeln. Dominanz bedeutet für mich auch, das Feedback der Pferde ernst zu nehmen, kritisch zu betrachten und mein Tun immer wieder zu reflektieren.

Die Arbeit an der Longe dient einerseits dem jungen Pferd, um es für die Arbeit unter dem Sattel vorzubereiten. Und andererseits auch dem bereits gerittenen Pferd, um es weiter zu fördern. Das Longieren ist eine hervorragende Ergänzung zum Reiten. Die Gymnastizierung des Pferdes steht dabei im Vordergrund. Dies bedeutet, dass der Ausbilder lernt, die Übungen an der Longe auf die Möglichkeiten des Pferdes abzustimmen, und so den größtmöglichen Nutzen dabei gewinnt. In einem späteren Teil dieses Buches werde ich ausführlich auf die Übungen und deren Möglichkeiten eingehen. Auch Probleme können an der Longe gelöst werden. So ist zum Beispiel die Ursache für Taktprobleme oft in der Verspannung der Muskulatur im Bereich des Rückens zu finden. Die Arbeit an der Longe ermöglicht nun, ohne das noch störende Reitergewicht, dieses

An der Longe kann das Pferd schonend auf seinen Einsatz als Reitpferd vorbereitet werden

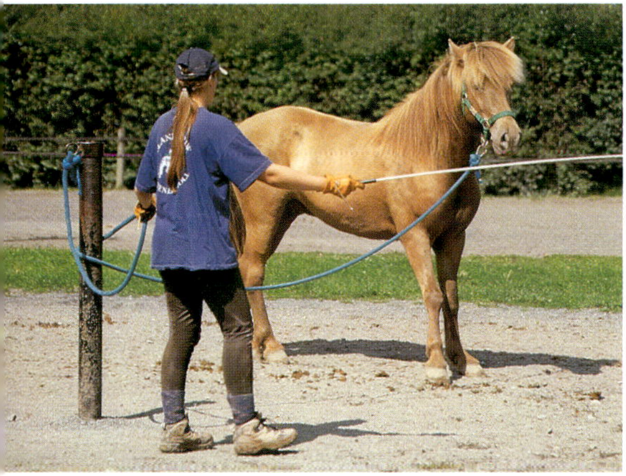

In der Gangpferdeszene ist die Arbeit am Pilar verbreitet

Arbeit im Roundpen als eine Möglichkeit des Longierens

Problem zu lösen. Werden Pferde in der Ausbildung zu früh ausgebunden, haben sie oft nicht gelernt, in einer schönen Selbsthaltung zu gehen. Es »fehlt« das fünfte Bein! Gerade diese Art des Longierens, wie sie in diesem Buch beschrieben wird, ist dafür ausgerichtet, dass das Pferd an der Longe lernt und nicht dressiert wird. Dies ist ein wichtiger Unterschied, denn ein Pferd, das gelernt hat, hat verstanden.

Viele Wege führen zum Ziel

Es gibt viele Wege und Methoden, das Pferd an die Arbeit an der Longe zu gewöhnen. Der Weg, der gewählt wird, soll für das Pferd fair und aufbauend sein. Das Longieren ist die Basis für das spätere Reiten und Gymnastizieren des Pferdes. Die Wahl der Methode soll dem Pferd entsprechen und es fördern. Einige heute bekannte Methoden entspringen Kulturen, in denen mit wild aufgewachsenen Pferden gearbeitet wurde. Hier stellt sich die Frage, inwiefern diese Methoden für unsere handzahm aufgezogenen Jungtiere zweckdienlich sind.

Longieren an einem Pilaren

Die Arbeit an den Pilaren ist eine Methode, die von den alten Meistern praktiziert wurde und heute bei einigen Pferderassen und Ausbildern noch angewendet wird. Das Pferd wird an einem Kappzaum oder Strickhalfter mit einer Longe an den Pilar gebunden. Der Pilar bildet einen unverschiebbaren Mittelpunkt des Zirkels in Form einer Säule oder eines Pfostens. Geht das Pferd gegen den Kappzaum oder das Strickhalfter an, so erfolgt die Bestrafung direkt und unmittelbar über den Druck, den der Kappzaum bzw. das Strickhalfter auf das Nasenbein ausübt. Geht das Pferd nicht dagegen an, so erfolgt die »Entlastung« des Nasenbeins und somit das unmittelbare Lob. Das Longieren an einem Pilaren wird gern bei Gangpferden (Pasos, Isländer) und von bestimmten Ausbildern (Cascadeure) eingesetzt. Diese Arbeit ist nicht ganz ungefährlich. Lässt sie doch dem Pferd wenig Chancen und der Lerneffekt beruht mehr auf Zwang als auf Kooperation.

Arbeiten im Roundpen (eingezäunter runder Platz)

Diese Methode ist mit unterschiedlichen Variationen in der Westernszene sehr verbreitet. Für stürmische Pferde und solche, die nach außen wegzubrechen versuchen, wird der Roundpen ebenfalls oft genutzt. Ist ein Roundpen zudem rundum verschalt, wird das Pferd nicht durch äußere Einflüsse abgelenkt. Im Roundpen muss jedoch vermehrt darauf geachtet werden, dass das Pferd lernt, sich von der Hand führen zu lassen. Nachteilig an der Roundpen-Arbeit ist, dass das Pferd Anlehnung an die Wand nimmt, statt sich am Zentrum zu orientieren. Oft ist es auch so, dass wenn man die Pferde danach wieder ohne Begrenzung longiert, das unerwünschte Verhalten »Wegstürmen« nicht korrigiert ist. Auch kann es sein, dass die Pferde dann eine starke Ausstellung zeigen, weil die Abgrenzung nicht mehr vorhanden ist.

Longieren an der Longe

Die Longenarbeit kennt viele Varianten. Es wird mit oder ohne Hilfszügel, mit mehr oder weniger Körpersprache gearbeitet. Die Hilfengebung kann sich unterscheiden und die Art und Weise, wie der Longenführer Longe und Gerte führt, auch. Die einen gehen mehr mit dem Pferd mit und andere wiederum arbeiten konsequent auf dem Zirkel.

Frei longieren kann die Dominanz klären und ist eine schöne Abwechslung für die Pferde

Frei longieren

Das Pferd bewegt sich frei in einem mittelgroßen Viereck (ca. 15 x 15 m) und wird mittels Körpersprache, Stimme und Gerte longiert. Das freie Longieren kann bei Pferden eingesetzt werden, welche z. B. die treibende Position noch nicht ganz akzeptieren, oder auch als schöne Abwechslung für das Pferd.

EXTRA·TIPP

Für welche Pferde eignet sich das Longieren?

Junge Pferde werden zu Beginn ihrer Ausbildung longiert, um sie an Sattel oder Fahrgeschirr zu gewöhnen. Auch ältere Pferde können an der Longe ohne Reitergewicht gymnastiziert werden, was gerade bei Gebäudefehlern oder nach Krankheit von Vorteil ist. Manche Unarten können an der Longe korrigiert werden.

So lernen Pferde

Wenn wir Pferde ausbilden, sollten wir kurz darüber nachdenken, wie und warum Pferde auf unsere Kommandos reagieren. Es ist ziemlich einfach, die Technik des Longierens zu lernen. Um jedoch Erfolg zu haben, muss man die Bedürfnisse des Pferdes kennen.

Pferde, so sagt man, sind die willigsten Kreaturen, müssen aber unsere Wünsche verstehen können. In unserer menschlichen Ausdrucksweise hat das Pferd eine limitierte Intelligenz und Denkkraft. Im Lernen durch Assoziieren ist es hingegen sehr schnell und hat außerdem ein sehr gutes Gedächtnis. Demzufolge ist es wichtig, ihm die richtigen Dinge beizubringen, weil es für ein Pferd schwierig ist, wieder umzulernen.

Wir können die geistigen Fähigkeiten eines Pferdes entwickeln und es zur Kooperation ermutigen, indem wir sein Vertrauen gewinnen. Dies verlangt vom Ausbilder große Geduld. Obwohl wir auf stetige Fortschritte achten, bleiben wir vorsichtig, dass wir vom Pferd nichts verlangen, was seine derzeitigen mentalen oder körperlichen Möglichkeiten übersteigt. Solche Überforderungen enden unweigerlich in einem Versagen, und das Pferd reagiert zwangsläufig mit Widerstand. Außerdem soll nie auf eine Weise mit dem Pferd gearbeitet werden, die es hetzt oder durcheinanderbringt. Das Pferd wird mit Stress reagieren, und einmal mehr wird das Resultat nicht befriedigen.

Für sein Überleben in der Wildnis war es notwendig, dass das Pferd eine hochentwickelte Angst vor Schmerzen und vor allem, was es als Gefahr wahrnimmt, hat. Wenn das Pferd denkt, dass es z. B. mit der Peitsche geschlagen oder von irgendeinem anderen Gegenstand angegriffen wird, reagiert es instinktiv – mit dem Versuch wegzulaufen. Deswegen muss das Vertrauen, das es braucht, um Objekte, vor denen es Angst hat, zu akzeptieren, langsam und schrittweise aufgebaut werden. Dann wird das Pferd die gewohnten Dinge so lange akzeptieren, bis es neuerlich Gründe für ein Misstrauen gibt.

Xenophon sagte: »Die Reitkunst basiert auf Belohnung und Strafe. Belohnt wird ständig, Strafe bedeutet die Einstellung des Lobes.«

Probleme sollen möglichst aus der Sicht des Pferdes analysiert werden. Fragen Sie sich, warum das Pferd das getan hat, was es getan hat. Der Grund liefert vielleicht die Lösung für das Problem. Wenn das Pferd z. B. mit dem Kopf schlägt, sollte man es nicht einfach bestrafen oder zu Hilfszügeln greifen. Statt dessen sollte man lieber prüfen, ob ihm seine Zähne weh tun oder ob das Gebiss oder der Kappzaum zwicken. Wahrscheinlich reagiert es einfach auf Schmerzen; und ist einmal die Ursache für den Schmerz entfernt, verschwindet das dazugehörige Problem.

Pferde sind Fluchttiere und achten deshalb genau auf ihre Umwelt

Da die Sinne des Pferdes einen großen Einfluss auf die Arbeit haben, sollten wir lernen, sie zu verstehen. Sein Gehör ist sehr scharf, und es kann auf Grund von Geräuschen scheuen, die wir kaum hören oder gar nicht bemerken können. Genauso verursacht der Ton unserer Stimme beim Geben von Kommandos eine Reaktion des Pferdes. Ein sanfter Ton beruhigt es, eine aufmunternde Stimme motiviert, während eine barsche, raue Stimme eine angstvolle Reaktion verursacht.

Das Sehfeld des Pferdes ist ein Faktor, der im Training oft zu wenig berücksichtigt wird. Pferde sehen und beobachten ein sehr weites Gebiet. Ihre Augen sind so positioniert, dass sie ein weites Gesichtsfeld seitlich und nach hinten haben – wiederum Eigenschaften ihrer früheren Entwicklung für das Überleben. Einige Pferde scheinen helle Objekte und dunkle Schatten schärfer wahrzunehmen als andere, aber auf jeden Fall vergrößert ihr seitlich und nach hinten gerichtetes Blickfeld den Einfluss der Bewegungen und der Haltung des Ausbilders. Dies ist beim Longieren besonders wichtig. Auf Grund der Position der Pferdeaugen kann angenommen werden, dass Pferde unterschiedliche Blickfelder und Fokussierungspunkte haben. Der Fokuspunkt geradeaus nach vorne liegt in einigem Abstand zum Pferdekopf. Ein Pferd kann deswegen Dinge, die nahe vor ihm sind, nicht sehr klar sehen. Deshalb wird ein Pferd, wenn es sehr nahe mit einem Objekt konfrontiert wird, daran schnüffeln; denn Riechen ist ein weiterer sehr wichtiger und hochentwickelter Sinn beim Pferd. Will man nun das Pferd mit etwas Neuem bekannt machen, z. B. einem Sprung oder einem Teil der Ausrüstung, sollte man es daran riechen oder schnüffeln lassen.

Das Pferd reagiert erstaunlich sensibel auf Berührungen. Eine einfache Berührung mit der Peitsche und eine kleine Bewegung des Ausbilders können vollkommen ausreichen, um eine Antwort zu bekommen. In allen Formen des Trainings wird der schlaue Reiter versuchen, die Empfindlichkeit des Pferdes zu nutzen, um positive Reaktionen auf immer feiner werdende Hilfen zu erreichen. Die Sensibilität des Pferdes geht jedoch über die Berührung mit Ausrüstung oder Peitsche hinaus und nimmt auch so feine Bewegungen wahr wie z. B. Vibrationen des Bodens (in Japan werden Pferdeherden als »Frühwarnsystem« für Erdbeben eingesetzt). Aufgrund seiner Natur ist das Pferd auf Selbsterhaltung ausgerichtet. Wenn es z. B. gefährlich scheinenden Boden unter seinen Füssen fühlt oder wahrnimmt, wird es nicht weitergehen wollen, sondern versuchen, den Bereich zu verlassen. Machen Sie deswegen nicht das Pferd für schlechte Bewegungen verantwortlich, wenn Sie versuchen, es auf einem trügerischen Boden zu longieren.

Die erwähnten Sinne und Instinkte haben alle Pferderassen gemeinsam; die individuelle Antwort auf Stimme und Körper-

binokulares Sehfeld
30°–70°

blind

binokulares Sehfeld
100°–130°

ganzes Gesichtsfeld

sprache des Reiters kann jedoch je nach Natur und Rasse variieren. Vollblutpferde sind, da sie für Rennen gezüchtet wurden, heißblütig und sehr schnell in ihren Reaktionen. Gerade wegen ihrer Schnelligkeit und Fähigkeiten kann man mit Vollblütern wunderbare Resultate in vielen Bereichen der Reiterei erzielen. Im Gegensatz dazu wurden viele der kontinentalen Rassen auf Gelehrigkeit hin gezüchtet, um das Training und ihre Verwendung als Reit- und Fahrpferde zu erleichtern. Sie denken weniger schnell, sind jedoch geduldig und willig und belohnen die Geduld des Ausbilders. Ein großer Teil der Herausforderung, welche Pferde und das Pferdetraining uns bieten, liegt sicher darin, dass keine zwei Pferde im Temperament gleich sind. Denken Sie also daran, jedes Pferd als einzigartiges Individuum zu behandeln.

Zusammenfassend kann gesagt werden: Wenn wir wollen, dass das Pferd unseren Wünschen gehorcht, müssen wir seine Instinkte positiv nutzen und versuchen, seine natürlichen Ängste zu überwinden. Manchmal kann ein starker Pferdemann ein Pferd zur Unterwerfung zwingen, aber ein geduldiger Ausbilder, der das Pferd versteht und sein Zutrauen gewinnt, fährt viel besser. Pferde mögen und verstehen Klarheit und Einfachheit. Die Arbeit an der Longe ist besonders geeignet, um ihr Verständnis aufzubauen und andere mentale und physische Eigenschaften zu entwickeln.

Mit Geduld fasst ein Pferd Vertrauen in Ungewohntes

Reaktionsschnell: Vollblüter im Leistungssport

Arbeitsfreudig: Fahrpferde

Abwechslungsreiche Arbeit im Trail

»Lernen« – wie geht das?

Wollen Sie mit Pferden arbeiten, so lohnt es sich zu wissen, wie »Lernen« vor sich geht. Je mehr Verständnis Sie dafür entwickeln, desto erfolgreicher werden Sie (nicht nur) in der Pferdeausbildung sein. Gerade die Arbeit an der Longe erfordert ein gewisses Basiswissen, weil wir das Pferd auf Distanz, d.h. nicht in unserem unmittelbaren Einflussbereich, haben (wie zum Beispiel mit den Zügeln).

Über die TT.E.A.M.-Bodenarbeit, Führübungen über Hindernisse und im Gelände und schließlich abwechslungsreiche Arbeit an der Longe sprechen wir bisher unbenutzte Nervenzellen an und aktivieren brachliegende Gebiete des Gehirns. Es wird also effektiver und umfassender genutzt.

Jede Abwechslung, jeder neue Lernimpuls vergrößert das Gehirnpotential eines Lebewesens.

Wie funktioniert das mit dem Lernen?

Um das Lernen zu erklären, bietet sich ein einfacher Vergleich an: der Bau einer Straße durch eine wilde, unberührte Landschaft. Langsam entstehen neue Wege und Verbindungen. Manchmal stockt der Fortschritt, manchmal geht der Bau der Straßen stetig voran. Genauso verhält es sich beim Lernen. Die »Wildnis« in einem Säugetier bilden die verschiedenen Nervenzellen, die sich in drei Typen unterteilen lassen:

- **DIE SENSORISCHEN NEURONEN** Das Zentralnervensystem (ZNS) erhält von den sensorischen Neuronen sensorische Informationen aus dem ganzen Körper (von der Haut, den Augen, den Ohren, der Zunge, der Nase und den Propriozeptoren – das sind Sinnesorgane, die Informationen über die Stellung von Muskeln oder Muskelspannungen, über die Aktivität von Gelenken und das Gleichgewicht liefern).
- **DIE INTERMEDIÄREN NEURONEN** Diese Art Nervenzellen kann man mit einem Netzwerk oder einer Kommandozentrale vergleichen. Sie tragen alle Informationen zusammen und verarbeiten sie.
- **DIE MOTORISCHEN NEURONEN** Diese Zellen bringen dann die Botschaft vom ZNS zu den Muskeln und Drüsen und veranlassen diese, entsprechend zu reagieren.

Gemeinsam ist allen Nervenzellen ihr Aufbau. Jede einzelne besitzt kleine Wege, die Dendriten, die dem Zellkörper, welcher den Zellkern enthält, Informationen aus der Umgebung liefern, und eine Straße, das Axon, das aus ihm herausführt und die Botschaften an das übrige Nervensystem oder an das ausführende Organ weiterleitet.

Soll der Körper nun etwas Neues lernen bzw. macht er eine Erfahrung das erste Mal, ist das, wie wenn man als Erster durch einen Urwald hindurchwill. Man muss sich seinen Weg sehr mühsam bahnen. Der Zweite hat es da schon viel einfacher und kommt deutlich schneller voran. Je mehr ihn benutzen, desto breiter wird der Weg, und man kommt immer schneller auf ihm voran. Wir alle haben diese Erfahrung schon häufig gemacht; z. B. beim Auto fahren. Wer kann sich nicht mehr an die ersten Versuche erinnern, als man mühsam – und langsam! – Kupplung, Gas und Schaltung ordnete. Nach einiger Zeit achtet man kaum noch auf solche »Kleinigkeiten«, und die Dinge gehen einfach – und schnell! – von der Hand.

In diesem Fall bilden entweder Nervenzellen, die schon im Gebrauch sind, neue Dendriten aus oder es werden sogar neue Neuronen aktiviert. Bei häufiger Benutzung hingegen läuft alles auf gewohnten Bahnen. Mit der Zeit legt sich über das Axon eine weiße Segmentschicht mit der Bezeichnung Myelin. Sie vergrößert die Geschwindigkeit der Übermittlung der Nervenimpulse und isoliert, schützt und unterstützt die Regeneration von beschädigten Nerven. Auf unseren Vergleich übertragen bedeutet das, dass aus dem Pfad erst ein Weg und schließlich eine Straße wird. Klar, dass man bei zunehmender Größe immer schneller vorankommt.

Abwechslungsreiche Bodenarbeit unterstützt diesen Vorgang. Die Bewegung aktiviert die neuralen Verbindungen überall im Körper und macht so den ganzen Körper zu einem Instrument des Lernens.

Je mehr wir dem Körper lehren können, desto größer wird die Flexibilität und Intelligenz werden. Und Intelligenz ist die Möglichkeit zur Veränderung.

Verbinden wir nun in jeder Lektion mit dem Pferd altes Bekanntes mit neuem Ungewohntem, so haben wir den größtmöglichen Lerneffekt.

Erfolgreich lernen heißt, ...

... die Übung in einzelne ...

▸ Lernen erfolgreich gestalten

Wird dem Pferd eine neue Aufgabe gestellt, so ist es wichtig für den Pferdebesitzer, dass er abschätzen kann, welche Teilschritte sein Pferd benötigt, um die Aufgabe erfolgreich zu absolvieren. Dies bedeutet, dass eine dem Tier gestellte Aufgabe in mehrere Teile gegliedert wird, die das Tier besser erfüllen kann. Jeder kleine Teil, der erfolgreich geschafft ist, stärkt das Selbstvertrauen und macht die nächste Lernstufe einfacher. Je flexibler der Ausbilder in der Wahl des Weges zur Vollendung der Aufgabe ist, desto erfolgreicher kann das Pferd sein.

Widersetzt sich ein Pferd der gestellten Aufgabe, so soll versucht werden, das Problem aus der Sicht des Pferdes zu analysieren. Fragen Sie sich, warum das Pferd getan hat, was es getan hat. Der Grund liefert vielleicht die Lösung für das Problem.

Wenn wir über Lernen sprechen, so ist das richtige Loben ein wichtiger Bestandteil davon. Erinnern Sie sich an das »Heiß-

Kalt«-Spiel in Ihrer Jugend? Jemand hat einen Gegenstand versteckt und Sie mussten ihn suchen. Als einziger Hinweis erhielten Sie jeweils nur »kalt«, »eiskalt«, »wärmer« oder »heiß«. Je präziser Sie auf Ihrem Suchweg angeleitet wurden, desto schneller waren Sie im Finden des Gegenstandes!

ÜBUNG Diese Übung lässt sich sehr gut in einer Gruppe ab 3 – 4 Personen machen. Je nach Gruppengröße, schicken Sie eine Person außer Hör- und Sichtweite. Nun soll eine Person ein Verhalten beschreiben, das die abwesende Person nachher zeigen soll (z. B. auf ein Caveletti sitzen, in einen Reifen stehen etc.). Nun

... kleine Teilschritte einteilen,

... damit das Pferd ...

... erfolgreich arbeiten kann

darf die erste Person wieder zur Gruppe zurück kommen. Sie wird nun dahingehend informiert, dass sie irgendetwas tun muss. Sie sagen jedoch nicht was. Jedesmal, wenn sie den Körper, einen Fuß, den Blick oder die Hand in die richtige Richtung bringt, ertönt von ihrem Partner ein »gut«. Sie werden erleben, je präziser das »gut« gesprochen wird, desto schneller ist die Person in der Lage, das gewünschte Verhalten zu zeigen. Sie werden auch erleben, wie frustrierend und verwirrend falsches Loben sein kann!

Genauso verhält es sich im Loben mit dem Pferd. Das Pferd weiß ja nicht, was wir von ihm wollen. Es begibt sich sozusagen auf einen unbekannten Weg. Desto wichtiger ist es, dass kleine Teilschritte bestätigt werden.

Ein Beispiel: Junge Pferde können am Anfang auf das Kommando des Antrabens mit zwei, drei zögerlichen Trabschritten reagieren. Reagiere ich nun ungehalten darüber, dass das Pferd nicht antrabt, kann das Pferd darauf wiederum unsicher reagieren. Lobe ich hingegen das Pferd bereits beim ersten Schritt und baue danach das Kommando nochmals auf, so hat das Pferd die Chance, aus der Unsicherheit, was von ihm verlangt wird, eine Sicherheit aufzubauen, die aus der Ruhe und dem Verstehen kommt.

Loben im richtigen Moment baut Vertrauen auf

Wenn ich z. B. ältere Pferde arbeite, denen es im traditionellen Longieren nicht gestattet war, in die Mitte zu kommen, so haben diese Pferde große Mühe, einen Handwechsel an der Longe auszuführen, weil sie dann ja auch auf die Mitte zugehen müssen. Also lobe ich auch hier den Ansatz des Abdrehens und zeige dem Pferd, dass es auf dem richtigen Weg ist. Das heißt nicht, dass Sie ständig mit Ihrem Pferd reden sollen! Dauerndes Reden macht Pferde genauso stumpf wie ein fortwährend klopfender Schenkel. Das Pferd jedoch im richtigen Augenblick zu bestätigen, kann die Ausbildungszeit massiv verkürzen.

Im Clickersystem wird das Pferd u.a. auf einen Targetstick konditioniert

Wir arbeiten seit einigen Jahren Pferde auch nach der Clickermethode (siehe auch das Buch »Clicker-Training mit Pferden« im Kosmos Verlag) und haben gerade beim Longieren damit sensationelle Resultate, mitunter auch mit überaus schwierigen Pferden erzielt. Die Clickermethode ist meines Erachtens die einzige Methode, mit der man präzise auf Distanz Verhalten belohnen kann.

In einem Longierkurs war eine Teilnehmerin mit einem Highlandpony. Dieses Pony hatte gelernt, einfach nicht mehr vorwärts zu gehen. Wollte man es treiben, so ging es mit angelegten Ohren und offenem Maul auf den Longenführer los. Zuerst longierten wir das Pferd frei in einem Viereck. Wir machten das mit vier Personen, so dass jede Person das Pferd weitertreiben konnte, ohne selbst hetzen zu müssen. Nachdem wir so das Pferd frei longieren konnten, nahmen wir es am Nachmittag wieder an die Longe. In der Zwischenzeit haben wir es auf den Clicker konditioniert oder wie es in der Fachsprache lautet: Den Clicker geladen. Sobald das Pony nun am Anfang an der Longe auch nur den kleinsten Schritt vorwärts machte, erfolgte ein Click und die Belohnung. Dann erfolgte der Click beim nächst größeren Schritt, dann bei zwei Schritten usw. Obwohl das Pony nach dem Click jeweils abstoppte, ging es immer williger vorwärts. Der Longenführer musste weniger treiben, was die Situation angenehmer machte. Das Verhalten »Ohren anlegen« zeigte das Pony noch, doch mit bedeutend weniger Aggressivität. Das einmal gelernte Verhalten konnte nur abgelöst werden, indem das neue Verhalten für das Tier attraktiver wurde, nämlich die unmittelbare Belohnung auf Distanz und das Wegfallen des übermäßigen Treibens.

Ein vertrauensvolles Pferd folgt dem »Leittier« überallhin

Eine eindeutige Körpersprache schafft die Basis der Verständigung

Pferdeausbildung ohne Stress

Dass Stress das Abspeichern von neuen Informationen beeinträchtigen kann, haben bereits mehrere Studien bei Mensch und Tier nahe gelegt. Nun zeigt eine neue Untersuchung an Ratten, dass Stress auch das Abrufen von bereits gespeicherten Gedächtnisinhalten negativ beeinflusst. Verantwortlich für dieses Phänomen scheint das in Stresssituationen freigesetzte Hormon Glukokortikoid zu sein.

In einer Stresssituation wird zuerst Adrenalin freigesetzt. Glukokortikoid erscheint erst mit einiger Verzögerung von etwa 30 Minuten und verweilt bis zu vier Stunden im Blut. Glukokortikoid beeinträchtigt nicht generell den Denkprozess, sondern behindert spezifisch nur den Zugang zum Gedächtnis.

Flüchten ist ein natürliches Verhalten

In der Pferdeausbildung kennen wir das, wenn das Pferd z. B. plötzlich stocksteif vor dem Hänger oder einem Hindernis steht, und sich durch nichts mehr vorwärtsbewegen lässt. Und wie oft haben Sie schon leicht (oder auch sehr) verzweifelt gedacht, weshalb tut das Pferd das nun nicht mehr? Kann es denn nicht denken!? Genau das kann es eben in Stresssituationen nicht mehr. In unserem Ausbildungszentrum lehren wir den Teilnehmern die fünf »F«, die vom lymbischen System gesteuert werden. Es sind dies:

- Flight (flüchten)
- Fight (kämpfen)
- Freeze (stocksteif stehen)
- Faint (taumeln, ohnmächtig werden)
- Fooling around (ablenken, rumschnüffeln, rumschauen etc.)

In Stresssituationen zeigen Pferde eine oder auch mehrere dieser Reaktionen. Es liegt in der Verantwortung des Ausbilders, diese entweder zu vermeiden oder das Pferd so rasch als möglich aus diesem Zustand wieder herauszuführen. Hier kennt übrigens die TT.E.A.M.-Arbeit hervorragende Möglichkeiten.

Was in Stressmomenten auch passieren kann, ist, dass das Pferd zuflucht in einem alten Verhalten sucht, weil das neue noch nicht gefestigt ist.

Bei Stress kann das Pferd auch mit Kampf reagieren

Wollten Sie auch schon einmal eine Diät machen, sich das Rauchen oder Kaffeetrinken abgewöhnen? Wie lange haben Sie es durchgehalten? Bis zum nächsten Stressmoment? Im Stress reagieren Menschen und Pferde gleich, sie gehen zurück ins Gewohnte. Obwohl wir wissen, dass Rauchen ungesund ist, so bedeutet es doch im Stress eine gewisse Sicherheit. Wir Menschen können das noch logisch begründen, Pferde hingegen reagieren einfach.

Hinzu kommt noch, dass wir Menschen und auch Pferde sehr große Mühe haben, ein altes Verhalten abzulegen, wenn das neue Verhalten nicht bedeutend attraktiver ist. Wieviele Menschen klagen darüber, dass sie, nachdem sie das Rauchen aufgehört haben, zugenommen haben vom vielen Schokolade essen? Das alte Verhalten war Rauchen, das neue Schokolade essen. Nur auch das hatte einen unerwünschten Nebeneffekt. Das heißt, ein neues Verhalten muss attraktiv genug sein, um es zu anzunehmen und trotzdem soll es keine negativen Begleiterscheinungen haben. Pferde haben dazu noch die Tendenz, uns neue Verhaltensweisen anzubieten, wenn sie eine alte nicht mehr ausführen können.

EXTRA·TIPP

Weshalb ist es gut, Pferde beim Longieren auf Trense zu zäumen?

Eine entspannte Unterhalsmuskulatur regt das Kauen des Pferdes an. Das Kauen auf der Trense fördert den Speichelfluss und dadurch wird das Pferd im Bereich der Ohrspeicheldrüse und der Ganasche nachgiebig, was wiederum einen direkten Einfluss auf die Rückentätigkeit des Pferdes hat.

BEISPIEL SULTAN Manchmal ist dann jedoch das neue Verhalten für uns auch nicht so attraktiv. Ich erinnere mich an einen Ungarnwallach namens Sultan, den ich vor Jahren zum Ausbilden bekommen habe. Die Besitzerin erzählte mir, dass das Pferd sie beim Longieren angreift, das heißt, mit offenen Maul und angelegten Ohren auf sie zurast.

Nachdem ich mit dem Pferd während drei Tagen nach der TT.E.A.M.-Methode gearbeitet und es über Führpositionen auf das Longieren vorbereitet hatte, und er überaus kooperativ und willig mitarbeitete, begann ich mit der Arbeit an der Longe. Sobald ich ihn nun an der Longe auf Distanz von mir hatte, versuchte er, sich umzudrehen und mich anzugreifen. Ich glaube, dass es sehr lange geht, bis Pferde zu diesem Verhalten finden und dass die Ursache für so ein Verhalten oft in der Kommunikation zwischen Mensch und Pferd zu finden sind.

Nun hatte ich also ein Pferd an der Longe, das mir deutlich zeigte, dass es meine treibende Position, die ich ja beim Longieren einnehme, nicht sehr schätzte. Es gibt dazu zu sagen, dass ich viele Pferde in meinen Kursen und auch beim Ausbilden kennen gelernt habe, die an der Longe (zum Teil ausgebunden, da haben sie weniger Möglichkeiten) aus einer nicht treibenden, sondern eher verwahrenden Position vorwärts gejagt worden sind. Es gibt dann Pferde, die auf diese zweideutige Hilfengebung (Gerte sagt vorwärts, Körperhaltung und –position ist verwahrend) im wahrsten Sinne des Wortes »sauer« werden. Das heißt, sie zeigen dem Menschen deutlich, dass etwas nicht stimmt (erinnern Sie sich, Feedback der Pferde ist immer ernst zu nehmen!) und bauen so ein gewisses Verhalten an der Longe auf.

Sultan war nun offenbar ein Pferd, das, obwohl ich eine korrekte, treibende Position einnahm, im alten Muster blieb und mir deutlich sagte: »Geh weg!« Ich trieb ihn weiter freundlich und bestimmt (ein Ausdruck, den wir in der Pferdeausbildung bei uns immer wieder benutzen) weiter vorwärts und jedes Mal, wenn er auf mich losstürmen wollte, baute ich mich in meiner vollen Größe auf, beharrte auf meinem Platz und zeigte ihm deutlich, wo meine räumlichen Grenzen sind, wie das ein ranghöheres Tier auch tun würde. Darauf hin versuchte er nach mir auszuschlagen was ebenso mit einem freundlichen und nun schon bestimmteren Vorwärtstreiben quittiert wurde. Dann stürmte er an der Longe davon, und auch hier blieb ich ruhig in meiner treibenden Position, worauf er auch das aufgab. Als letzte Möglichkeit stieg er senkrecht hoch und ließ sich nach hinten fallen. Als er sich vom Boden aufrappelte war ich bereits wieder in meiner treibenden Position und schicke ihn wieder bestimmt nach vorne. Das war der Moment, wo Sultan begriffen hat, dass er nur meine treibenden Hilfen annehmen musste und nach vorne zu gehen hatte. Noch heute sehe ich seinen leicht verblüfften Gesichtsausdruck (wenn das Pferde überhaupt haben können – doch in diesem Moment sah es für mich so aus), als ich nicht von meiner treibenden Position abließ. Was Sultan mir deutlich zeigte war, dass ein Pferd uns nicht immer als erstes das Verhalten anbietet, das wir gerne hätten, wenn wir ihm das alte »wegnehmen«. Vielmehr bietet es uns das Verhalten an, das ihm am nächsten liegt. Und das ist keine böse Absicht der Pferde. Es braucht dann einfach ein bisschen Geduld und Geschick von uns, dem Pferd deutlich zu machen, was wir gern von ihm hätten.

Wichtig ist, dass ein Pferd niemals aus Böswilligkeit reagiert. Wenn Pferde ein Verhalten zeigen, das für den Pferdebesitzer nicht akzeptabel oder sogar gefährlich ist, so hat es immer einen Grund. Eine Herausforderung an jeden Pferdebesitzer, eine elegante und pferdegerechte Lösung dafür zu finden!

Kopfsenken – eine Übung aus der TT.E.A.M.-Methode, die das Pferd beruhigt

▸ Verstehen Sie Pferdesprache?

Pferde haben im Gegensatz zu uns ein sehr komplexes Kommunikationssystem, und die visuelle sowie die olfaktorische (über den Geruchssinn laufende) Kommunikation spielt bei ihnen eine viel größere Rolle als bei uns. Ihr visuelles Kommunikationssystem ist sehr ausgeprägt und viel feiner als unseres. Der Mensch hat sich schwerpunktmäßig auf die verbale Kommunikation festgelegt. Doch auch er kommuniziert ganz stark auf der körperlichen Seite – nur ist er es sich dessen wenig bewusst.

Da Pferde über ein sehr ausgeprägtes visuelles Kommunikationssystem verfügen, haben bei ihnen Körperstellungen/Körperhaltungen viel größeren Informationswert als bei anderen Huftieren. Dies bedeutet zum Beispiel, dass wenn der Mensch das Pferd an der Longe mit der Stimme motiviert vorwärtszugehen und gleichzeitig mit dem Körper eine verwahrende Position einnimmt obwohl er mit der Gerte vorwärtstreibt, für das Pferd die Körperhaltung Priorität hat und es dementsprechend reagieren wird, das heißt, es wird die treibende Gertenhilfe und motivierende Stimme nicht annehmen.

Pferde sind Profis in Sachen Körpersprache

Das Pferd ist sozusagen ein Körpersprachespezialist. Schon die Tatsache, dass 13 Muskelpaare jedes Pferdeohr bewegen,

10 Muskelpaare die Nüstern, Lippen und das Maul weisen auf die umfangreichen Ausdrucksmöglichkeiten des Pferdekopfes hin und zeigen auf, welche subtile Veränderungen in der Gesichtsmimik das Pferd in der Lage ist wahrzunehmen.

Dazu kommt, dass das Pferd als Herdentiere ganz bestimmte Verhalten »einprogrammiert« hat. Diese Verhalten werden durch Körpersprache und Bewegung ausgelöst. Mehr dazu dann bei den Führpositionen. So viel sei jetzt schon gesagt: Freuen Sie sich darauf, Pferdisch zu lernen! Es vereinfacht die Ausbildung unserer vierbeinigen Freunde um ein Vielfaches.

Vorstellungen bestimmen unser Verhalten

Unsere Gedanken und Stimmungen bestimmen unmittelbar und für uns kaum wahrzunehmen unsere Körperhaltung. Und genau das nimmt das Pferd wahr – uns selbst ist das zum Teil nicht einmal bewusst!

Was glauben Sie geschieht, wenn Sie ein Pferd an der Longe haben, das ein bisschen »frisch« ist und Sie denken, gleich wird er losbuckeln, gleich ist es soweit! Was glauben Sie, nachdem Sie nun auch schon auf den vorherigen Seiten gelesen haben, dass sich unsere Gedanken ganz schnell in unserer Körpersprache ausdrücken – schneller als wir es wahrnehmen, wird geschehen? Klar, das Pferd wird anfangen loszubucken oder stürmt ganz einfach davon. Weshalb? Von Natur aus flieht das Pferd vor Spannungen. Spannungen bedeuten für es, dass irgendetwas nicht in Ordnung ist. Das Fluchttier Pferd ergreift im wahrsten Sinne des Wortes die Flucht.

Was, glauben Sie, würde in der gleichen Situation geschehen, wenn Ihr Denken in die Richtung ginge: »Na mal sehen, was wir mit dieser Energie anfangen können«! Und Sie die klare Vorstellung hätten, dass sich diese Energie in schöne, kraftvolle Bewegungen umwandeln lässt?

Je zielgerichteter Sie denken lernen, desto klarer wird das Pferd auf Sie reagieren. Bei der Arbeit mit Pferden denke ich nie, was ich nicht will, sondern immer an das, was ich will. Erinnern Sie sich an Situationen, wo ein Kleinkind zum Glas greift und die Mutter entsetzt sagt: »Nicht fallen lassen!«, und das Kind lässt prompt das Glas fallen!

Beruhigungssignale bei Pferden

Wie viele Pferde kennen Sie, die an der Longe hektisch vorwärts rennen, versuchen auszubrechen, buckeln? Was, glauben Sie, ist der Grund dafür? Sicher einerseits, das haben wir bereits gelernt, kann es die Vorbereitung des Pferdes auf die Longenarbeit sein, andererseits kann es auch die Haltung des Longenführers sein, der durch seine Körperhaltung signalisiert: Geh weg! Würde er mit seiner Körperhaltung ein sogenanntes Beruhigungssignal aussenden, dies würde bedeuten, dass seine Schultern nicht parallel zum Pferd zeigen, sondern ganz leicht vom Pferd wegdreht wären, müsste das Pferd nicht versuchen zu fliehen. Wohlgemerkt, das Pferd macht in diesem Fall nur das, was der Mensch ihm, in diesem Falle mit seinen Schultern, signalisiert.

Das Wissen um diese Beruhigungssignale und das richtige Deuten solcher Signale erleichtern gutes Longieren und auch die Arbeit mit den Pferden ernorm.

Das Pferd dreht den Kopf weg, um das ranghöhere Tier zu beschwichtigen

Auf einen Blick: Beruhigungssignale von Pferden

- **Wegschauen:** Den Kopf (manchmal auch nur die Augen) von dem abwenden, der beruhigt werden soll.
- **Blick verkürzen:** Augenzwinkern, Starren vermeiden, Augenlider senken, Augen sollen weicher aussehen.
- **Sich abwenden:** Dem Tier oder der Person, die beruhigt werden soll, die Seite oder den Rücken zuwenden (siehe später auch Longierpositionen).
- **Die Nase/das Maul lecken, kauen:** Wird oft in für das Pferd angespannt wirkenden Situationen verwendet.
- **Mäulchen machen:** Zeigt am deutlichsten die Verbindung zwischen Maul und Emotionen. Wird von Fohlen und sehr jungen Pferden gezeigt und stellt einen Schutz vor älteren, dominanten Herdenmitgliedern dar.
- **Langsam gehen:** Viele Pferde, denen nicht ganz klar ist, was der Mensch von ihnen verlangt, scheinen sich durch langsames Herumtrödeln aus der Affäre ziehen zu wollen.
- **Herumblödeln:** Weiß ein Pferd nicht, was von ihm verlangt wird, fängt es oft an, dem Menschen diverse Verhaltensweisen anzubieten. Dies kann sowohl ein Zeichen von Kreativität als auch von Unsicherheit sein.
- **Sich klein machen:** Kinder genießen sowohl im Tierreich als auch bei den Menschen eine gewisse Narrenfreiheit. In Angstsituationen oder bei Unsicherheit kommt dieses Verhalten dann oft wieder zum Vorschein.
- **Scharren:** Kann sowohl ein Zeichen von Unsicherheit als auch Ungeduld oder schlicht und ergreifend Unerzogenheit sein.

Die Beruhigungssignale wurden zuerst bei Wölfen entdeckt. Sie können sich sicher vorstellen, dass die Wölfe schon lange ausgestorben wären, wenn es bei jeder kleinen Unstimmigkeit zum Kampf auf Leben und Tod gekommen wäre. Deshalb mussten sie eine Sprache entwickeln, mit der sie einander signalisieren können: »Ich will dir nichts tun, nicht streiten und nicht kämpfen!« Und das Spannendste ist: Auch Pferde und Menschen haben solche Beruhigungssignale entwickelt.

Longieren – aber richtig

Spricht man vom Longieren, so können drei Einsatzmöglichkeiten unterschieden werden:

1. Bewegen des Pferdes an der Longe,
2. Longieren zur Ausbildung des Reiters,
3. Longieren zur Ausbildung des Pferdes.

In diesem Buch wird auf das Longieren zur Ausbildung des Pferdes näher eingegangen. Ich möchte jedoch deutlich darauf hinweisen, dass gerade dieses Longieren, das Sie hier lernen, hervorragend geeignet ist, um Sitzlongen zu geben, weil über die verschiedenen Übungen einerseits dem Pferd geholfen werden kann, seine Aufgabe erfolgreich zu bewältigen, und andererseits dem Reiter sehr viel über die Hilfengebung beim Reiten und den Bewegungsablauf des Pferdes bewusst wird.

Die Arbeit an der Longe mit einem jungen wie auch älteren Pferd ist eine schöne Herausforderung an den Ausbilder. Gutes Longieren wirkt sich überaus positiv auf das Reiten aus. Manche Pferde lernen schneller, andere brauchen länger. Flexibilität des Ausbilders ist gefragt.

Davon profitieren Pferd und Reiter

Das Longieren hilft dem Reiter, seine Augen für die Bewegungen des Pferdes zu schulen

▸ Longieren: Entspannung und Gymnastik

Am Anfang des Buches habe ich über die mentalen Reaktionen des Pferdes gesprochen. Nun möchte ich näher auf die physischen Eigenschaften und den Einfluss der Longenarbeit auf spezielle Muskelgruppen eingehen.

Wenn wir ein Pferd an der Longe arbeiten, so ist es wichtig, dass wir sicherstellen, dass die richtigen Muskeln arbeiten und entwickelt werden. Bei einem jungen Pferd müssen die Muskeln zuerst so gut wie möglich gedehnt werden (nicht unter Zwang). Es ist das Wechselspiel von Dehnen und Zusammenziehen, welches den Muskelaufbau fördert.

Die Muskeln, deren Kräftigung besonders wichtig ist und bei welchen man Veränderungen auch sehr schnell

wahrnimmt, sind die Muskeln im Bereich der oberen Hals- und Rückenmuskulatur. Dass ein Pferd mental entspannt ist und diese Muskeln richtig benutzt, erkannt man daran,

- dass es mit gleichmäßigen Schritten vorwärts geht und mit den Hinterhufen in die Spur der Vorderhufe tritt,
- dass die Ohren in einer entspannten Position sind,
- dass der Schweif frei getragen wird – nicht eingeklemmt, was ein Zeichen für einen starren und festgehaltenen Rücken ist – sondern mit der Bewegung des Pferdes von Seite zu Seite schwingt.

An der Longe lernt das Pferd, sich frei und in schöner Selbsthaltung zu tragen

An der Longe lässt sich der Bewegungsapparat ohne die Belastung durch das Reitergewicht stärken

Die Zeit, die man braucht, um diese Kriterien in einer individuellen Lektion zu erreichen, variiert von Pferd zu Pferd. Manche brauchen nur zehn, andere 20 Minuten oder eine halbe Stunde. Alter, Temperament, Fitness und die klimatischen Verhältnisse haben einen Einfluss auf diesen Prozess, der nicht beschleunigt werden kann.

Lernen Sie, auf den Rücken des Pferdes zu schauen; es wird sehr nützlich für Sie sein. Die Lendenmuskulatur sollte weich und elastisch scheinen, nicht hart und fest. Die Spannung entlang der Wirbelsäule sollte gleichmäßig sein, jeder Wirbel sollte ohne übermäßigen Druck in den nächsten passen. Es ist bezeichnend, dass viele Pferde an einem harten, angespannten Rücken leiden. Viele alte Pferde, die in jungen Jahren nicht gelernt

Was lernt der Reiter beim Longieren?

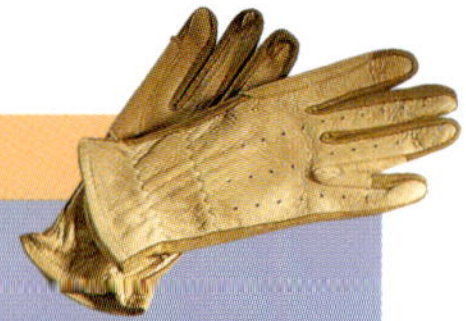

- **Vertrauen und Kontakt zum Pferd**, auch über Distanz.
- **Gangarten:** Einfühlen in die Gangarten. Die Schwingungen der Gangarten aufnehmen. Den Gang kontrollieren.
- **Hilfengebung:** Aufbau einer eindeutigen Sprache bis hin zur Hilfengebung, die unter dem Sattel weitergeführt wird (Longiergerte als »Schenkel« für die treibenden Hilfen, umrahmende und Kruppe kontrollierende Hilfen). Das Maß der Hilfen lernen. Erkennen der Reaktionen des Pferdes auf die Hilfen. Aufbau der Stimme als Koordinationshilfe.
- **Kommunikation:** Aufbau einer klaren und pferdegerechten Kommunikation.
- **Körpersprache und innere Einstellung/Kommunikation:** Verfeinern der eigenen Körpersprache und bewusst werden der Macht der inneren Einstellung und Kommunikation.
- **Vertrauen:** Das Vertrauen des Pferdes gewinnen, aufbauen und festigen.
- **Schulung des Auges:** Der Reiter lernt, das Pferd genau zu beobachten, Reaktionen abzuschätzen und darauf einzuwirken. Je schneller der Reiter auf das Pferd reagiert, desto schneller reagiert das Pferd auf ihn. Zusammenhänge der Übungen erkennen.
- **Takt und Rhythmus:** Takt (Fußfolge bei den Gangarten) und Rhythmus (konstante Gleichheit in den Gangarten) des Pferdes beurteilen und kontrollieren.
- **Beobachten des Ausbildungsstandes des Pferdes.**
- **Erkennen von Stärken und Schwächen des Pferdes.**
- **Erkennen der »guten« und »schlechten« Seite des Pferdes.**
- **Allgemein:** Erkennen, dass Pferde immer eine positive Einstellung haben und sich grundsätzlich positiv organisieren. Pferdebewegungen richtig einschätzen lernen.

haben ihre Rückenmuskeln zu entspannen, haben damit auch später Schwierigkeiten. An dieser Stelle ist es wichtig anzumerken, wie empfindlich die Mechanik des Pferderückens ist und wie viel Unheil durch grobe, falsche oder zu frühe Belastung angerichtet werden kann.

Eine andere Muskelgruppe, die Ihnen zeigt, ob Ihr Pferd wirklich entspannt ist, ist die Bauchmuskulatur. Sie sollte nicht festgehalten werden, als ob das Pferd den Atem anhält. Es ist interessant, die Veränderung in diesen Muskeln nach einigen Minuten ruhiger, korrekter Arbeit zu beobachten. Ein ruhiger, gleichmäßiger Trab ist die beste Gangart, um Entspannung in diesem Bereich zu erreichen.

Es ist wichtig, an der Kräftigung der Hinterhand zu arbeiten; ein gut ausgebildetes Pferd wird oder sollte dort gut ausgeprägte Muskeln besitzen. Auch der Bereich über dem Schweif, zu beiden Seiten der Wirbelsäule, sollte eine muskulöse Rundung

Was kann das Pferd beim Longieren lernen:

- **Vertrauen:** Aufbau des Vertrauens zum Reiter, was die Grundlage des Gehorsams ist.
- **Selbsthaltung:** Das Pferd findet eine Selbsthaltung und lernt, sich in einer schönen Selbsthaltung zu bewegen.
- **Hilfengebung:** Annehmen der Hilfengebung des Reiters.
- **Gleichgewicht:** Es lernt, ohne die Belastung des Reiters ins Gleichgewicht zu kommen.
- **Atmung:** Atmungsfindung beim Pferd.
- **Geschicklichkeit:** Seine Geschicklichkeit verbessern.

Durch einen schonenden Aufbau und viel Schrittarbeit kann sich die Muskulatur langsam entwickeln

Weitere Gründe für das Longieren:

- **Gymnastizierung und Biegung des Pferdes.**
- **Bewegungsapparat:** Aufbau der Rücken-, Kruppen- und Schultermuskulatur, Festigung der Bänder und Sehnen (auch nach Verletzungen).
- **Lösen von Problemen ohne Reitergewicht.**
- **Abwechslung.**
- **Das Pferd für die Sitzlongenarbeit optimal vorbereiten.**

bekommen. Übungen wie Zirkel verkleinern und vergrößern und Tritte verlängern und verkürzen (Arbeits- und Mitteltrab) helfen, diesen Körperbereich zu entwickeln.

Das Arbeiten mit verlängerten Tritten (keine übereilten Schritte) hilft auch, die Muskulatur der Hinterhand zu entwickeln, indem im Moment der größten Schrittlänge die Muskeln gedehnt werden. Tritt das Pferd mit den Hinterbeinen gut unter und arbeiten die Sprunggelenke gut, dann werden am gegenüberliegenden Ende des Schrittes die Schultermuskeln durch das Strecken der Vorderbeine nach vorne gut entwickelt. Wie auch immer, denken wir daran, dass die Übungen mit den Schrittvariationen nur dann richtig ausgeführt werden können, wenn die Hals- und Rückenmuskeln korrekt arbeiten. Dies zu erreichen kann Wochen oder sogar Monate dauern. Oft ist unser Training durch Zeitnot eingeschränkt oder wir müssen weniger Effizienz akzeptieren. Auf jeden Fall sollten wir uns immer bewusst sein, dass die Effektivität dann am höchsten ist, wenn wir frei von solchen Beschränkungen sind.

Die Arbeit an einem Muskel sollte, wie schon oben bemerkt, mit dem Dehnen beginnen. Ein gutes Beispiel dafür ist ein Pferd, das mit einem langen, unausgebundenen Hals dazu angehalten wird, sich mit der Longenarbeit weiter zu strecken.

Sogar wenn wir Pferde mit Hilfszügeln arbeiten, so wird das Pferd in der ersten und dritten Phase ohne Hilfszügel longiert. Das gibt ihm Gelegenheit, seine eigene Körperhaltung während der ersten Phase zu finden. In der dritten Phase ist es eine gute Kontrolle darüber, ob der Hilfszügel sinnvoll eingesetzt war und eine Veränderung der Körperhaltung beim Pferd zu beobachten ist. Das Pferd sollte dabei nicht müde longiert werden, denn dann lernt es nicht mehr. Und zeigt es noch so eine schöne Dehnungshaltung am Schluss, so ist es dann das Ergebnis von Müdigkeit und nicht von Losgelassenheit.

In einer natürlichen Umgebung gymnastizieren sich die Pferde selbst

Die Ausrüstung

Für unsere Art des Longierens verwenden wir folgende Basisausrüstung:

STALLHALFTER Für die Führübungen sowie das erste Longieren verwenden wir bei den meisten Pferden ein gut sitzendes Stallhalfter. Hier eignen sich feste Nylonhalfter am besten, weil sie sich meist flexibel anpassen lassen.

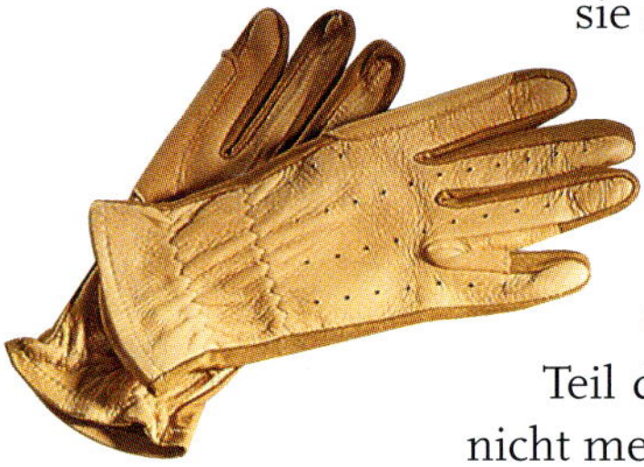

Bei heftigen Pferden empfiehlt sich das Tragen von Handschuhen

TIPP Ist das Stallhalfter einfach zu groß und kein passendes aufzutreiben, kann eine Schnur an der seitlichen Öse befestigt werden, unten durch die mittlere Öse gezogen und an der gegenüberliegenden seitlichen Öse wieder befestigt werden. Dadurch kann der untere Teil des Halfters verkleinert werden und das Halfter rutscht nicht mehr so stark in die Augen.

BAUMWOLLSTRICK mit einem guten Karabinerhaken (keine Panikhaken, die sich, wenn man sie zu weit oben hält, leicht öffnen) für die Führübungen. Der Strick sollte ca. 2 m lang sein.

GERTE von 120 cm Länge für die Führübungen. Die Gerte sollte nicht zu dünn sein. Weiße Gerten werden übrigens vom Pferd deutlicher wahrgenommen.

KAPPZAUM Geht ein Pferd ruhig und entspannt an der Longe, wird das Stallhalfter mit einem gut sitzenden Kappzaum vertauscht. Bewährt haben sich die Pluvinel-Kappzäume, welche leicht sind und sich gut anpassen lassen. Diese Zäume haben zwei eingearbeitete Metallstücke und zwei seitliche Ringe (für die Zügel) und einen mittleren Ring (für die Longe). Der Kappzaum wird wie ein Sperrriemen verschnallt und sollte nicht zu stark über das Fell rutschen. Die Longe wird am mittleren Ring befestigt.

TIPP Wir machen in den Pluvinel-Kappzaum zwischen die vorhandenen Löcher jeweils noch ein zusätzliches Loch, damit wir den Kappzaum optimal einstellen können. Und so wird er angezogen: Der Sperrriemen wird etwa zwei Fingerbreit unter dem Backenknochen zugemacht, dann wird der seitliche Riemen fixiert, so dass er satt sitzt und der Kappzaum nicht mehr über das Fell rutscht. Durch das Anziehen des seitlichen Riemens rutscht das Nasenband auf zwei Fingerbreit unter den Backenknochen (wie das Sperrhalfter beim Zaum).

Gebräuchliche Longierleine

LONGIERLEINE Mittelschwere Longierleine, die, will man sie für den Kappzaum verwenden, einen leichten Karabinerhaken hat.

TIPP Longierleinen können auch selbst gemacht werden. Im Baumarkt finden Sie ca. 10 mm dicke Seile aus einem Baumwollgemisch. Diese schneiden Sie auf die gewünschte Länge und machen einen leichten Karabinerhaken daran.

LONGIERGERTE Eine Länge von 120 bis 130 cm mit zusätzlichem Schlag hat sich bewährt (für die Volten und Wechsel).

TIPP Bewährt haben sich hier Ponypeitschen oder Fahrgerten mit Schlag aus Kunststoff. Schlechter eignen sich Fahrpeitschen aus Holz, da sich diese verformen.

HANDSCHUHE Gerade wenn ich mit Pferden arbeite, die ich noch nicht kenne, habe ich mir angewöhnt, dass ich Handschuhe trage!

Die Hilfen

Beim Longieren wird mit den gleichen Hilfen wie beim Reiten gearbeitet (Gerte wird als Schenkelhilfe eingesetzt, Körpersprache wie der Sitz des Reiters und Stimmhilfen). Deshalb ist der Aufbau von feinen und präzisen Hilfen besonders wichtig. Nachstehend eine Übersicht über die verschiedenen Hilfen und deren Einsatz.

Die Stimmhilfe

Das Pferd lernt sehr schnell über die Stimmhilfe., die sehr präzise und schnell eingesetzt werden kann. Über die Stimme können wir uns differenziert ausdrücken. Die Stimme kann sowohl aufmunternd als auch beruhigend sein. Eine hohe Stimmlage wirkt eher treibend, aufmunternd, eine tiefe Stimmlage eher beruhigend. Wichtig ist, dass der Longenführer ein geregeltes Konzept hat (das er auch für das Reiten verwenden kann) und dass

So wird der Kappzaum angepasst

Der Pluvinel-Kappzaum lässt sich hervorragend mit einem Zaum ohne Reithalfter und Zügel kombinieren

Für die ersten vorbereitenden Übungen eignen sich ein gut passendes Halfter und ein Baumwollstrick am besten

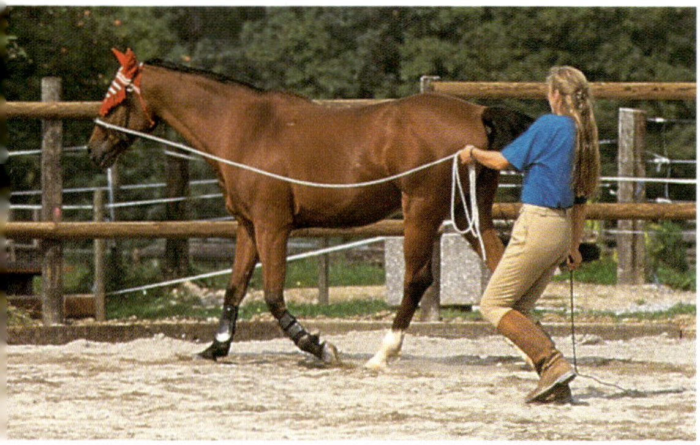

Die Longenführerin kippt das Becken ab, führt mit der Gerte die Hinterhand unter den Bauch, hebt die Longehand leicht an und gibt ein Stimmkommando…

bestimmte Wörter und Geräusche immer dieselbe Bedeutung besitzen.

Mein Stimmhilfenkonzept besteht aus kurzen Wörtern für: Schritt, Trab, Galopp und Anhalten. Daneben jeweils eine Tonlage, die einmal aufmunternd und ein anderes Mal beruhigend wirkt. Das sind wohl die gängigsten Stimmhilfen. Ich verwende noch ein stimmliches Kommando, das dem Pferd sagt: »Du bist auf dem Holzweg, »lass den Unsinn!« Dafür verwende ich ein »Naaaaa!«.

Longenführende Hand

Die Hand, die die Longe führt, wird immer vorwärts, in die Bewegungsrichtung eingesetzt. Nie wirkt sie rückhaltig. Das Pferd ist ja ein Fluchttier. Lasse ich nun die Hand vor meinem Bauch stehen, so kann es sein, dass Pferde, da in dieser Handhaltung die Freiheit nach vorne fehlt, sich dadurch bedrängt fühlen und davonstürmen. Ich bin mir bewusst, dass diese Handhaltung von vielen Leuten gelernt worden ist. Meine Erfahrung mit den Pferden zeigt, dass gerade diese Hand- wie auch die Schulterhaltung Grund dafür ist, dass so viele Pferde an der Longe davonstürmen. Für sie ist es sehr wichtig, dass der Longenführer ihnen das Signal gibt: »Du kannst davon stürmen, wenn du willst, doch bei mir ist es sicherer!« Diese Botschaft erreicht er damit, dass er mit der Hand dem Pferd den Weg nach vorne offen lässt und dem Fluchttier Pferd nicht signalisiert: Du kannst nicht weg, was es wiederum nur in Panik bringen kann.

Die Hand kann passiv nachgebend oder aktiv begrenzend sein. Sie wirkt jedoch nie einleitend. Der Hals des Pferdes ist wie eine Balancierstange. Ziehe ich nun an der Longe, so störe ich das empfindliche Gleichgewicht. Das Pferd wird versuchen sich auszubalancieren, was zu Druck auf der Longe führt.

Richtig: Die longenführende Hand zeigt in Bewegungsrichtung, die Gerte ist auf die Hinterhand des Pferdes gerichtet

Die Hand kann über die Longe auch Wellen schlagen (zur Korrektur oder um Aufmerksamkeit zu erlangen). Diese Wellen können sowohl vorwärts wie auch rückwärts, aufwärts, abwärts oder sogar vorwärts-aufwärts wirken.

...um das Pferd zum Schritt durchzuparieren

Die Höhe der longenführenden Hand hängt auch von der Pferdegröße ab. Ich achte darauf, dass die Hand-Longe-Verbindung zum Halfter ungefähr auf gleicher Höhe ist. Die longenführende Hand darf nicht zu tief gehalten werden, weil sie sonst das Gleichgewicht des Pferdes über den Kopf-Hals-Bereich stört.

ÜBUNG Nehmen Sie sich einen Partner und eine Longierleine. Der Partner hält die Longierleine in der Hand und geht im Kreis um Sie herum. Nun zieht er nach außen und Sie ziehen dagegen. Nehmen Sie wahr, wie es sich für Sie anfühlt. Fragen Sie Ihren Partner nach seiner Wahrnehmung. Nun beginnen Sie nochmals von vorne. Ihr Partner beginnt wieder nach außen zu ziehen und Sie schließen ganz einfach die Hand und begrenzen so den Kreis, d. h. Sie setzen ihm Grenzen. Nehmen Sie wiederum wahr, wie es für Sie ist, und fragen Sie Ihren Partner nach seinen Erfahrungen. Sie werden merken, dass sich Druck aufbaut, wenn Sie dagegen ziehen, und Ihr Partner am liebsten noch mehr ziehen möchte.

Falsch: Eine vor dem Bauch stehende Hand verunsichert viele Pferde und animiert sie zum Rennen

Die Gerte

Das Longieren hat den Zweck, das Pferd beidseitig zu gymnastizieren. Dies geschieht durch eine Längsbiegung der Wirbelsäule sowie durch das Herantreten des inneren Hinterbeines zum Tragen, wobei das Pferd im Becken abkippen muss und die Wirbelsäule aufwölbt. Hat es dies erlernt, ist es optimal vorbereitet für das spätere Tragen des Reitergewichts. Die Gertenhilfe wird deswegen im Hinterhandsbereich treibend, umrahmend oder Kruppe kontrollierend, in der Schenkellage treibend oder biegend eingesetzt. Normalerweise wird die Gerte auf Fesselkopfhöhe des inneren Hinterbeines geführt. Je höher die Gerte gehalten wird, desto treibender wirkt sie auf das Pferd.

Das Pferd wendet der Longenführerin sein linkes Ohr zu und wartet aufmerksam auf das Signal zum Antreten

Im Schritt wird die Gerte in der Bewegung des inneren Hinterfußes eingesetzt. So als ob Sie diesem noch einen Schubs geben wollten, damit er auch kraftvoll nach vorne treten und Gewicht aufnehmen kann. Die Richtung der Longierpeitsche geht gerade nach vorne und zeigt dem Pferd immer die Bewegung an, die ich von ihm möchte. D. h., wenn ich einen langen Schritt von meinem Pferd möchte, so führe ich sie ruhig und kraftvoll von hinten nach vorne im Takt des inneren Hinterbeines. Will ich eher einen höheren, erhabenen Schritt so führe ich sie von hinten nach vorne leicht aufwärts und richte auch meinen Körper entsprechend auf.

Bei der Hilfengebung stelle ich mir immer ein Kind auf einer Schaukel vor: Will ich, dass das Kind schaukelt, so muss ich im richtigen Moment der Schaukel einen Impuls geben.

Zum Anhalten wird die Gerte tief geführt und die Longenhand leicht angehoben

Zum Antraben wird die Gerte kurzfristig etwas höher gehalten, um dann wieder zu ruhigen, runden Bewegungen auf Höhe des Sprunggelenks überzugehen

Die Gerte in der Schenkellage kann genutzt werden, um dem Pferd zu zeigen, wo es im Rumpf nachgeben soll

Tue ich das nicht, so breche ich den Rhythmus und den Fluss der Bewegung. Als Bewegungstiere reagieren Pferde besonders sensibel auf Rhythmusstörungen. Es ist also für den Longenführer oberste Priorität, die eigene Körperhaltung und die exakte Hilfengebung zu erlernen und immer wieder zu überprüfen.

Im Trab nehme ich ebenfalls mit der Longierpeitsche die Bewegung des Hinterbeines auf. Im Trab ist die Bewegung der Peitsche rund – von hinten nach vorne. Es ist die gleiche Bewegung, die Sie auch beim Aussitzen auf dem Pferd spüren.

Im Galopp wippe ich mit der Longierpeitsche im Takt des inneren Hinterbeines in kleinen Bewegungen auf- und abwärts mit. Damit das Pferd sich an der Longe nach innen biegt, wird das innere Hinterbein im Moment des Abfußens unter den Schwerpunkt hineingetrieben. Zudem kann die Gerte auch in Richtung der Schenkellage zeigen. In den Momenten, wo der Longenführer sehr nahe am Pferd steht, kann er mit der Gerte das Pferd sogar in der Schenkellage touchieren. Die Gerte erfüllt hier den gleichen Zweck wie der Schenkel beim Reiten. Beim Reiten setzt der Schenkel dem Muskel den Impuls für die Biegung.

Achten Sie beim Longieren immer wieder auf die Gertenhöhe! Oft wird unbewusst oder aus alter Gewohnheit die Gerte zu hoch gehalten. Eine hohe Gerte wirkt jedoch undifferenziert stark treibend. Gewöhnen Sie sich an, die Gerte mit lockerem Arm und Handgelenk zu führen.

Richtig: Die Longenführerin läuft einen gleichmäßigen Kreis

Falsch: Sobald die Longenführerin die Beine kreuzt, geht jegliche Präzision verloren: Einen gleichmäßigen Zirkel einzuhalten ist so nahezu unmöglich

▸ Die Körpersprache

Das Bewusstwerden und gezielte Einsetzen der Körpersprache ist eine tolle Herausforderung an den Reiter. Mit der Körpersprache können wir treibend, verwahrend, biegend und versammelnd auf das Pferd einwirken.

Will ich, dass mein Pferd einen langen Schritt oder raumgreifenden Trab oder Galopp zeigt, so stelle ich mir vor, dass ich selbst im Oberkörperbereich weit und offen bin und die Energie fließen lasse. Meine Schritte beim Mitgehen mit dem Pferd sind ebenfalls raumgreifend. Will ich, dass mein Pferd ruhiger geht, so nehme ich meinen Oberkörper zurück und atme aus. Will ich erhabene Bewegungen von ihm, so zeige ich ihm das mit meinem Körper und meinem Schritt. Soll es sich biegen, so mache ich ihm das mit meinem Körper vor, indem ich ihn sanft in die Bewegungsrichtung neige. Die innere Schulter des Longenführers ist die dem Pferd nähere Schulter und zeigt zum Pferd. Die longeführende Hand zeigt immer zum Pferd, die äußere ist je nach gewünschter Biegung mehr oder weniger geöffnet. Auf jeden Fall sind die Schultern nicht parallel zum Pferd (siehe auch Beruhigungssignale Seite 28).

Wenn ich mit dem Pferd auf dem Zirkel oder der Volte mitgehe, so sollten sich die Beine beim Gehen nicht überkreuzen, sondern der innere Fuß »zeichnet« einen präzisen Kreis. Weshalb?

ÜBUNG Nehmen Sie einen Partner an der Hand. Dann gehen Sie, den Partner an der Hand haltend, auf einem Kreis. Ihr Partner geht mit und fängt an, leicht nach außen zu ziehen. Sie gehen so auf dem Kreis, dass sich Ihre Beine beim Vorwärtsgehen immer leicht kreuzen. Sie werden feststellen, dass es so ganz schwierig ist, den Kreis zu halten, und dass Ihr Partner, gleich wie es auch ein Pferd tun würde, durch das unpräzise Führen die Tendenz bekommt, immer mehr nach außen zu ziehen.

Nun machen Sie die gleiche Übung nochmals und gehen so auf dem Kreis, dass der innere Fuß deutlich und ohne zu überkreuzen führt. Ihr Partner zieht wieder leicht nach außen. Dabei werden Sie feststellen, dass Ihr Partner, durch die klare

Führung Ihrerseits, nicht mehr das Gefühl bekommt, er müsse ziehen. Er bekommt von Ihnen ein klares Signal für die Kreisgröße und kann sich so besser darauf einstellen.

Weshalb gehen wir überhaupt mit dem Pferd auf dem Zirkel mit? Beim traditionellen Longieren bleibt ja der Longenführer auf einem Punkt in der Mitte stehen. Durch das Mitgehen auf dem Zirkel kann ich einerseits dem Pferd über meinen Schritt, meine Schrittlänge, die Energie im Schritt eindeutige Hilfen geben. Und andererseits kann ich so z. B. ein junges Pferd, das an der Longe noch unsicher ist, auf einem großen Zirkel longieren, indem ich die Longierleine kürzer halte und auf einem Zirkel mit größerem Durchmesser gehe. D. h., ich kann auf die individuellen Bedürfnisse der Pferde besser eingehen und ihnen Nähe oder mehr Raum vermitteln.

Durch Ihre Körpersprache geben Sie dem Pferd Sicherheit in Angstsituationen, also das Vertrauen, was es auch zu seinem Leittier in der Herde hat. Dies bedeutet, Sie gehen aufrecht und bestimmt, bewegen sich ruhig und vermeiden hektische Gesten. Innerlich und äußerlich machen Sie sich groß.

Kein Pferd akzeptiert auf die Dauer Kommandos von einem mit gesenktem Kopf dahinschleichenden Menschen, der irgendwelche Wörter in den Bart nuschelt. Das Pferd wird anfangen, diese Person auszutesten und Kommandos zu missachten. Es wird lernen, seine Ideen und Vorstellungen durchzusetzen!

Durch große energische Schritte lassen sich Pferde häufig besser treiben als durch starken Gerteneinsatz

EXTRA·TIPP

Was ist zum Einsatz von Hilfszügeln zu sagen?

Der Einsatz von Hilfszügeln beim Longieren ist ein großes Thema. Grundsätzlich gilt, dass das Pferd zuerst vorwärts-abwärts gehen soll (Halsverlängerer, Chambon, Gogue), bevor es in Reithaltung und Anlehnung (seitliche starre Ausbinder) longiert wird. Eine Zwischenvariante ist z. B. der Dreieckszügel. Beim Einsatz von Hilfszügeln soll das Pferd genau beobachtet werden: Was wird besser, was wird schlechter?

Je vertrauter der Umgang zwischen Mensch und Pferd ist, desto leichter fällt in der Regel das Anlongieren

Die Positionen beim Longieren

Die Positionen beim Longieren berücksichtigen das Sehfeld des Pferdes und seine Herkunft aus der sozialen Herdenstruktur. Das Sehfeld des Pferdes ist ein Faktor, der im Training oft zu wenig beachtet wird. Pferde sehen sehr weit und ihre Augen sind so positioniert, dass sie ein weites Gesichtsfeld seitlich und nach hinten haben – wiederum Eigenschaften ihrer früheren Entwicklung für das Überleben. Auf jeden Fall vergrößert ihr seitlich und nach hinten gerichtetes Blickfeld den Einfluss der Bewegungen und der Haltung des Ausbilders. Dies ist speziell wichtig bei der Longen- und Bodenarbeit. Zudem kann ich mir als Ausbilder auch die soziale Prägung des Herdentieres Pferd zu nutze machen. Indem ich klar die treibenden und verwahrenden Positionen einnehme, die das Pferd bereits schon aus dem Herdenverband kennt.

Die Vorbereitung des Pferdes auf die Longenarbeit

Longieren hat wie wir schon wissen, viel mit Kommunikation zu tun. Es gibt die Kommunikation von uns zum Pferd und natürlich auch die vom Pferd zu uns. Durch das Heranführen des Pferdes an die Longenarbeit über die Bodenarbeit und durch die Führpositionen können wir eine klare Verständigung aufbauen.

Mit der Vorbereitung des Pferdes auf das Longieren kann bereits im Jungtieralter begonnen werden. Vor allem in der Freizeitreiterszene ist das Spazierengehen mit dem noch ungerittenen Pferd sehr verbreitet. Bereits beim Spazierengehen kann eine deutliche Sprache zwischen Mensch und Pferd aufgebaut werden. Das Pferd lernt Umwelteinflüsse kennen, welches wiederum ein großer Vorteil für das spätere Anreiten ist. Zu den einzelnen Führpositionen wird in diesem Kapitel ausführlich eingegangen.

Eine ebenso gute Vorbereitung ist die TT.E.A.M. Boden- und Körperarbeit. Durch die Bodenarbeit lernt das Pferd Koordination, Balance, Geduld, und seine Lernfähigkeit wird angeregt. Zudem wird es an Schrecksituationen gewöhnt und lernt so seinen Fluchtinstinkt zu überwinden und findet das Vertrauen zum Partner Mensch. Über die Körperarbeit wird das Körperbewusstsein verbessert und Körperspannungen und Empfindlichkeiten können abgebaut werden. Die TT.E.A.M.-Arbeit wird in zahlreichen Büchern von Linda Tellington-Jones ausführlich beschrieben bzw. in Videos anschaulich gezeigt. Grundsätzlich kann auch gesagt, werden, je vertrauter der Umgang zwischen Mensch und Pferd – und dabei meine ich auch den täglichen Umgang – desto einfacher wird das spätere Ausbilden sein. Dies bedeutet jedoch nicht, dass ich mein Pferd in Watte packe und Situationen aus dem Weg gehe, die das Pferd beunruhigen, erschrecken oder nervös machen könnten. Im Gegenteil, ich führe das Pferd mit Ruhe und Gelassenheit auch an solche Situationen

Die TT.E.A.M.-Arbeit stellt eine optimale Vorbereitung für das Longieren dar

heran und signalisiere ihm dabei deutlich, dass es sich nicht zu fürchten braucht, weil sein Leittier bei ihm ist. Ich wähle jedoch diese Situationen ganz bewusst aus, weil mir meine eigene und die Sicherheit des Pferdes sehr wichtig sind.

Pferde, die im Jungpferdealter nie gefordert (nicht zu verwechseln mit überfordert) werden, zeigen später in der Ausbildung oft eine gewisse Unflexibilität. Sie haben sich so an »ihren Trott« gewöhnt, dass sie auf eine »Störung« von außen sehr ungehalten reagieren können. Pferde hingegen, die eine abwechslungsreiche Zeit erlebt haben, zeigen große Aufgeschlossenheit gegenüber dem Lernen von neuen Sachen.

Durch das Vorausgehen vermittelt die Führerin dem Pferd Geborgenheit

Die Führübungen

Um das Pferd an das Longieren heranzuführen, benutzen wir verschiedene Führpositionen. Für die Führübungen verwenden wir eine lange Gerte, einen dicken Strick und ein Stallhalfter; evtl. könnte auch ein Kappzaum mit Longe benutzt werden. Die Führübungen werden immer beidseits (wie bei der TT.E.A.M.-Arbeit) ausgeführt. Ein Augenmerk wird dabei auf die ungewohntere Seite gelegt, damit diese nicht vernachlässigt wird. Beidseits übrigens deswegen, weil ein Pferd, wird es nur von einer Seite geführt, dies nicht automatisch auch von der anderen Seite akzeptiert. Haben Sie sich nicht auch schon gewundert, weshalb sich das eine oder andere Pferd so schlecht von der ungewohnten Seite führen lässt? Ganz einfach, es hat es von dieser Seite nicht gelernt. Das Pferd transferiert nicht automatisch das Gelernte von rechts nach links. Wie geht es Ihnen dabei, wenn Sie ein Pferd von rechts oder links führen? Brauchen Sie nicht auch ein bisschen Übung und eine Angewöhnungszeit?

Die Vorbereitung auf das eigentliche Longieren des Pferdes erfolgt über vier Führpositionen, die in der Folge detailliert beschrieben werden. Diese Führpositionen wende ich bei allen Pferden an, mit denen ich arbeite. Sie geben mir einen ersten Hinweis darauf, wie das Pferd auf mich reagiert. Die Führpositionen kommen auch später immer wieder zur Anwendung, wenn zum Beispiel Pferde an der Longe sich sehr erschrecken, Kommandos schlecht annehmen etc.

Weshalb die Vorbereitung über Führpositionen? Wenn man sich die Struktur einer wild lebenden Herde anschaut, so ist diese wie ein Kreis aufgebaut. In der Mitte, wo die Mutterstuten mit den Fohlen sind, ist der sicherste Platz. Am äußersten Rand des Kreises bewegen sich die jungen Hengste, die bald die Herde verlassen müssen. Der Platz dazwischen wird von Jungtieren und Stuten ohne Fohlen eingenommen. Die Kreismitte bedeutet Schutz für die Tiere. Je weiter draußen ein Pferd ist, desto größer ist das Risiko, von einem Raubtier angegriffen zu werden. Nun können Sie sich vielleicht vorstellen, weshalb Pferde so gern in die Mitte des Longierzirkels kommen oder weshalb Join-Up und Roundpen-Arbeit so gut funktionieren. Pferde wollen in das Zentrum, weil es da sicher ist. Als Longenführer muss ich nun einen Weg finden dem Pferd zu zeigen: Es ist okay, wenn du da draußen

Führübungen lassen sich hervorragend im Gelände machen

Erste Führposition: Das Pferd lernt, dem Menschen bereitwillig zu folgen

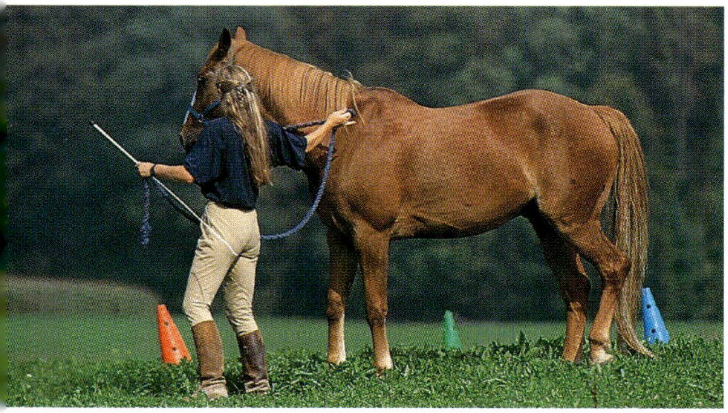

Hier hat das Pferd die Aufforderung zum Anhalten nicht sofort befolgt und seine Führerin überholt

auf dem Zirkel bist, du kannst dich auch da sicher fühlen.

Ausbilder, die dieses Grundbedürfnis des Pferdes missachten, fangen an, die Pferde an der Longe einfach vorwärts zu jagen, weil es ihnen so leichter fällt, sie auf Distanz zu halten. Das Pferd hat dabei jedoch Stress und es kann gut sein, dass es dieses Verhalten nicht oder nur schwer ablegen kann. Durch den frühen Gebrauch von Ausbindern kann dieses »Problem« zwar kaschiert werden. Werden jedoch die Ausbinder weggenommen, zeigt das Pferd das gleiche Verhalten wieder. Es hat nicht gelernt, an der Longe Vertrauen zu seinem Ausbilder zu haben!

ERSTE FÜHRPOSITION Der Führer geht seitlich vor dem Pferd. Der Strick wird in der Hand gehalten, die näher am Pferd ist, die Gerte und das Ende des Strickes in der äußeren Hand.

Diese Führposition kennt das Pferd von seiner Mutter her. Die Mutter geht voraus, und das Fohlen folgt. Durch diese Position verlangt die Stute eine gewisse Disziplin von ihrem Fohlen und gewährt ihm dabei jedoch auch Geborgenheit.

Wie viele Reiter kennen Sie, die in Schrecksituationen vom Pferd steigen und erzählen, dass ihnen das Pferd, sobald sie absteigen und vorausgehen, folgt? Jetzt wissen Sie weshalb.

Bei dieser ersten Führposition geht es um Disziplin, Gehrhythmus und Selbstsicherheit im Schutz des Pferdeführers. Wie die Mutterstute fördert er diese Eigenschaften und bildet sie weiter aus.

Das Pferd soll lernen, unseren Gehrhythmus zu übernehmen, uns nicht anzustoßen oder anzurempeln und nicht an uns vorbeizudrängeln. Es soll spurtreu hinter uns anhalten, soll unseren Gehrhythmus übernehmen und lernen, immer länger ruhig hinter uns stehen zu bleiben.

Zum Antreten wird das Pferd mit Stimme, Körpersprache und evtl. Gerte aufgefordert. Das stimmliche Signal ist ein aufmunterndes »Schritt«, gefolgt von einem leichten Nach-Vorne-Bringen des Körpers. Reagiert das Pferd nicht auf diese Hilfen, so kann der Pferdeführer das Pferd mit der Gertenspitze im Hinterhandsbereich leicht touchieren. Dazu muss er seinen Körper leicht vom Pferd weg drehen und evtl. auch einen halben Schritt nach hinten machen, damit er es mit der Gerte berühren kann. Folgt das Pferd nun dem Führer, so kann er die Aufmerksamkeit des Pferdes erhöhen, indem er das Tempo beim Gehen variiert und das Pferd wieder zum Stehen bringt.

Das Anhalten erfolgt über die Stimme (ruhige Tonlage und z. B. das Kommando »Steh«) und Körpersprache. Gemeint ist hierbei das Ausbreiten der Arme vor dem Pferd. Hat es so gelernt, im gewünschten Gehrhythmus hinter dem Pferdeführer zu gehen und ruhig stehen zu bleiben, wechseln wir in die zweite Führposition.

Wichtig:

- Dem Pferd fällt es leichter anzuhalten, wenn es vorbereitet wird. Sie können, um das Pferd auf das Anhalten vorzubereiten, ein stimmliches Kommando benutzen wie z. B. »Vorbereiten zum Stehn«, Ihre Schritte deutlicher machen und den Oberkörper mehr aufrichten.
- »Rempelt« das Pferd Sie beim Anhalten an, so halten Sie das nächste Mal deutlicher an und richten Sie sich groß auf. Manchmal stampfe ich dann auch mit dem Fuß auf den Boden beim letzten Schritt zum Anhalten.

ZWEITE FÜHRPOSITION: Der Führer geht seitlich neben dem Pferd und verlagert seine Position von vorne nach hinten. Der Strick wird in der Hand gehalten, die näher am Pferd ist, die Gerte in der äußeren Hand.

So ist es richtig: Das Pferd bleibt hinter der Führerin stehen

In der zweiten Führposition geht die Führerin auf Schulterhöhe des Pferdes

Zum Anhalten wird der Strick nicht auf die Seite gezogen, sondern als Zeichen leicht angehoben

Lässt sich das Pferd nicht auf ein Stimmkommando hin anhalten, kann die Führerin ihre Position nach vorne verschieben und die Gerte zur Hilfe nehmen

Das Pferd soll in dieser Position lernen, selbständig zu gehen und unsere treibende Hilfe und somit unser pferdegemäßes Dominieren zu akzeptieren. Über Stimme (»Schritt«), Körpersprache (Aufbauen von Energie, Oberkörper neigt sich leicht nach vorne) und evtl. Gerte (Antippen der Hinterhand mit der Gertenspitze) wird das Pferd zum Antreten aufgefordert. Das Anhalten erfolgt über Stimme (»Steh«) und Körpersprache (leichtes Abkippen des Beckens bei geradem Rücken – wie beim Reiten). Der Strick wird dabei parallel zum Hals gehalten.

In dieser Position fangen wir an, das Pferd – neben dem Geradeausgehen – in einem gleichmäßigen Rhythmus und Takt auf den Zirkel oder die Volte zu führen. Zur Abwechslung kann auch mit Stangen, Reifen und anderen Bodenarbeitshindernissen (wie in der TT.E.A.M.-Arbeit) gearbeitet werden.

Wichtig:

- Wird der Strick beim Anhalten auf die Seite gezogen, so hat das Pferd die Tendenz, den Körper vom Longenführer wegzudrehen, weil er den Pferdekopf beim Anhalten in seine Richtung bringt.
- Hält das Pferd nicht auf Stimme und Körpersprache an, so wird die Hand am Strick ruhig geschlossen, und das Pferd fühlt die Begrenzung durch den Strick. Auch hier soll der Strick parallel zum Pferdehals gehalten werden.

Mit Hilfe von Gerte und Körpersprache wendet die Führerin das Pferd von sich weg, wobei sie die Hand mit dem Seil auch gegen den Pferdehals legen könnte, ...

... und in seine Richtung neigt sie ihren Oberkörper in die Bewegungsrichtung. So zeigt sie dem Pferd die gewünschte Körperhaltung (Biegung)

▸ Hält das Pferd immer noch nicht an, so können mit der Gerte wie in der TT.E.A.M.-Arbeit ca. 50 cm vor dem Pferdekopf ein, zwei ruhige Auf-und-ab-Bewegungen gemacht werden. Diese Auf-und-ab-Bewegungen wirken auf das Pferd wie eine Barriere, vor der es stehen bleibt.

DRITTE FÜHRPOSITION: Der Führer hält nun den Strick in der äußeren Hand und die Gerte in der inneren. Er steht seitlich hinten, die Gerte senkrecht in der Schenkellage, die Gertenspitze zeigt nach unten. Die Gerte wird im Takt des inneren Hinterfußes in der Schenkellage innen und im Takt des äußeren Hinterfußes außen in der Schenkellage eingesetzt.

Das Antreten erfolgt durch Stimme, Körpersprache und das Signal der Gerte in der Schenkellage – gleich dem Schenkel des Reiters. Das Anhalten erfolgt durch Stimme, Körpersprache und ein ruhiges Liegenlassen der Gerte in der Schenkellage. In dieser Position wird das Pferd durch die Gerte an die Schenkelhilfe gewöhnt.

VIERTE FÜHRPOSITION: Der Führer nimmt die Position zum Longieren ein, d.h. der Strick wird in der äußeren, die Gerte in der inneren Hand gehalten. Führer, Pferd, Longe und Gerte bilden ein ungleichschenkeliges Dreieck (Die Longe bildet dabei die lange Seite). Der Blick des Führers ist auf den Schwerpunkt des Pferdes gerichtet. Der Strick sollte ca. 250 cm lang sein.

Die Gertenhand nimmt den Rhythmus des inneren Hinterbeins auf und wirkt erhaltend, verwahrend oder treibend. Das Anhalten erfolgt über Stimme, Körpersprache (Abkippen des Beckens) und die Gerte, welche die Hinterhand ruhig unter den Pferdekörper schiebt. In dieser Position wird das Pferd auf Zirkel (Kreis mit einem Durchmesser zwischen 10 bis 12 m) und Volten (Kreis mit einem Durchmesser von ca. 6 m) sowie auch geradeaus geführt.

Bei der dritten Führposition liegt die Gerte in der Schenkellage und zeigt so dem Pferd, wo es sich biegen soll

Beim Geradeausgehen weist die Longenhand in die Bewegungsrichtung

Um dem Pferd seine äußere Seite bewusster zu machen, kann die Gerte auch dort angelegt werden

Bei den Führpositionen wie beim späteren Longieren gilt der Grundsatz: Takt und Rhythmus vor Biegung! Dies bedeutet: Verliert das Pferd beim Führen wie beim Longieren auf dem Zirkel oder der Volte an Schwung, so wird der Radius vergrößert oder wieder Schwung über die Gerade aufgebaut. Natürlich spielt dabei auch der Gehrhythmus des Longenführers eine Rolle. Schlurft der Longenführer neben dem Pferd her, so darf ich nicht erwarten, dass sich das Pferd stolz daneben präsentiert. Der Art wie ich gehe, der Energie, die ich ausstrahle, und den Gedanken, die ich habe, kommt eine wichtige Bedeutung in der Arbeit mit den Pferden zu.

In der vierten Führposition kann ich nun auch einen Handwechsel vorbereiten. Dies gibt mir die Möglichkeit, Figuren wie aus der Ecke kehrt, Kehrvolten oder auch einen Wechsel durch die Volte/den Zirkel zu longieren. Voraussetzung dafür ist, dass das Pferd ruhig auf einer Volte oder einem Zirkel geht. Ich gehe bei diesem Beispiel davon aus, dass das Pferd rechte Hand auf dem Zirkel geht. In der linken Hand halte ich also die Longiergerte und in meiner Rechten die Longierleine. Nun nehme ich die Longiergerte ebenfalls kurzfristig in die rechte Hand (auf die Longe) und greife mit der frei gewordenen linken Hand von oben die Longierleine. Dabei sind meine Hände gekreuzt und zwar so, dass die Longe in meiner linken Hand liegt und die Gerte in meiner Rechten.

In der vierten Führposition lernt das Pferd auf immer größere Distanz zum Ausbilder entspannt zu laufen

Wichtig ist, dass die longenführende Hand über der gertenführenden Hand liegt. Weshalb? Bei einem Wechsel werden die Hände »entkreuzt«. Läge die gertenführende Hand oben, so würde die Gerte beim Wechsel für einen Moment sehr hoch geführt, was das Pferd erschrecken und zum Davon stürmen animieren könnte. Während die Hände des Longenführers gekreuzt bleiben, ist es ganz wichtig, dass das Pferd weiter auf seinem Zirkel oder seiner Volte geht.

Eine wichtige Übung als Vorbereitung des Pferdes auf das Longieren ist das Stehenbleiben. Das Pferd soll lernen, ruhig und aufmerksam in einem gewissen Abstand vom Führer stehen zu bleiben, damit der Führer die Möglichkeit hat, seine Position zum Führen oder Longieren ruhig einnehmen beziehungsweise verändern zu können.

Nachdem das Pferd schon in den Führpositionen eins bis drei gelernt hat, ruhig entweder hinter oder neben dem Longenführer stehen zu bleiben, lasse ich nun mein Pferd stehen (Körperhaltung und Stimme), und bewege mich so, dass ich in einem Abstand von ca. 1 m bis 1.5 m vor dem Kopf des Pferdes stehe. Den Strick und die Gerte halte ich weiterhin in meinen Händen. Während ich meine Position verändere, beobachte ich die Körper-

Zum Anhalten kippt die Führerin ihr Becken ab, senkt die Gerte und hebt die Longenhand leicht an

So vorbereitet ist der Schritt zum »richtigen« Longieren für Pferd und Führerin gut zu bewerkstelligen

Auch das Anhalten und Stehenbleiben muss geübt werden, wobei die Gerte zwischen Pferd und Mensch dazu dient, das Pferd aufmerksam zu machen und gegebenenfalls wieder zu stoppen

Wenn das Pferd anfangs versucht, den Abstand zur Führerin zu verkleinern, wird es konsequent mit der Gerte in der Schenkellage wieder nach außen getrieben

haltung des Pferdes, um schon bei der kleinsten Regung das stimmliche Kommando (als Erinnerung an den ersten Befehl) »Steh« zu geben oder ich mache einen kleinen Schritt auf das Pferd zu und verhindere so, dass es sich bewegt. Je besser ich das Pferd beobachten und je früher ich korrigieren kann, desto weniger wird es sich bewegen. Hat sich das Pferd jedoch schon auch nur einen Schritt bewegen können, so nutzt auch ein sehr starkes »Steh« nichts mehr! Hat das Pferd es doch geschafft, seinen Stehplatz zu verlassen, so führe ich es ruhig wieder auf den Platz zurück oder richte es ein, zwei Schritte rückwärts, so dass es wieder an der gleichen Stelle steht. Darauf folgt ein bestimmtes »Steh« und die Übung beginnt von vorne. Oft halte ich während der Übung auch die Gerte senkrecht vor meinem Körper. Es gibt dem Pferd einen Punkt, auf den es seine Aufmerksamkeit richten kann. Nun versuche ich, mit ruhigen Schritten um das Pferd herumzugehen. Das Pferd soll dabei ruhig stehen bleiben. Oft dreht es ein klein wenig den Kopf oder zeigt ein reges Ohrenspiel. Dies sind Indikatoren dafür, dass das Pferd aufmerksam meinen Bewegungen folgt.

Die Arbeit soll immer positiv und in gutem Einvernehmen zwischen Mensch und Pferd abgeschlossen werden. Geht eine Übung an einem Tag überhaupt nicht, so suchen Sie entweder nach einer Teillösung oder wechseln zu einer Übung, welche das Pferd gut kann. Bevor ein Verhalten x-mal falsch eingeübt wird, baue ich es lieber zu einem späteren Zeitpunkt neu auf und schaffe mir bessere Voraussetzungen für ein gutes Gelingen.

Gegenstände auf der Weide helfen die Aufmerksamkeit des Pferdes zu erhöhen

Geeigneter ist ein ausreichend großer, eingezäunter Platz mit ebenem, leicht federndem Untergrund

▸ Der geeignete Ort zum Longieren

»Kann ich mein Pferd auch auf der Wiese longieren?«, werde ich oft von Kursteilnehmern gefragt, die weder eine Halle noch einen Reitplatz zur Verfügung haben. »Ja«, lautet die grundsätzliche Antwort. Ich würde jedoch die Weide mit einem Zaun begrenzen. Dem Pferd fällt es mit einer optischen Begrenzung bedeutend leichter, sich auf die Arbeit zu konzentrieren. Das Longieren auf einer Weide kann für das Pferd auch eine willkommene Abwechslung bedeuten und zugleich eine Kontrolle, wie gut der Longenführer mit seinen Hilfen durchkommt. Oft lockt das Gras und lenkt das Pferd von seiner Aufgabe ab. Eine nicht alltägliche Herausforderung für Longenführer und Pferd.

Ideal ist sicher, wenn man einen eingezäunten Reitplatz oder eine Halle zur Verfügung hat. Der Boden sollte dabei nicht zu tief oder zu hart sein. Zu tiefer Boden strapaziert die Sehnen und Gelenkbänder der Pferdebeine übermäßig. Harter Boden kann für beschlagene Pferde zu rutschig sein und belastet zudem auch die Gelenke der Pferde.

Die Größe des Reitplatzes sollte mindestens 20 x 20 m betragen, sodass auch mit jungen, großen oder steifen Pferden gut gearbeitet werden kann. Pferde, die auf einem zu kleinen Zirkel longiert werden, können nicht unerhebliche Langzeitschäden an den Gelenken davontragen.

Longieren üben

Ist das Pferd über die Führpositionen gut vorbereitet, können wir mit dem Longieren beginnen. Wir vertauschen den Strick mit der Longe, nehmen die vierte Führposition ein und beginnen mit dem Longieren, das wir in drei Phasen einteilen können.

Die erste Phase ist die Aufwärmphase mit dem Ziel, dass das Pferd seine Atmung und die Muskulatur auf die Arbeit an der Longe vorbereiten kann. Der Longenführer stimmt das Pferd auf die Hilfengebung ein und lässt es genügend Schwung und Takt für die zweite Phase entwickeln.

In der zweiten Phase wird gezielt an Takt, Rhythmus und Biegung gearbeitet.

Die dritte Phase dient der Regulierung des Atems und des Anpassens der Muskulatur an die kommende Ruhephase.

Achten Sie darauf, wie Ihr Pferd auf die einzelnen Figuren und Übungen reagiert. Schon bald werden Sie herausfinden, was ihm hilft, sich vermehrt zu biegen oder mit der Hinterhand aktiver zu werden. Seien Sie auch stets bereit, von einem vorgefassten Konzept abzuweichen und Neues auszuprobieren. Ohne Versuch und Irrtum werden Sie nicht weiterkommen.

Abwechslung und Spaß an der Longe

▸ Das Ziel: Takt und Rhythmus

Feldenkrais sagte: »Wenn du weißt, was du willst, kannst du tun, was du willst.« Genauso ist es in der Arbeit mit Pferden. Je klarer unsere Gedanken, unsere Vorstellung von dem, was wir wollen, desto klarer reagiert das Pferd auf uns.

Dies bedeutet nichts anderes, als dass wir uns über den Aufbau des Longierens, den Nutzen der Übungen und die Korrekturmöglichkeiten bewusst sein müssen. Dadurch erhalten wir die große Möglichkeit, jedes Pferd individuell und bedürfnis- bzw. pferdegerecht auszubilden, was Longenführer und Pferd gleichermaßen Spaß am Longieren vermittelt. Plötzlich wird das Thema

Das Pferd geht in entspannter Dehnungshaltung auf dem Zirkel. Um ihm die Biegung zu erleichtern, weist die Peitsche in Richtung Schenkellage

Das Pferd lässt sich im Galopp über die Schulter nach innen fallen. Zur Korrektur kann es zurück zum Trab durchpariert und die Biegung wieder aufgebaut werden

Longieren interessant und abwechslungsreich! Eine Vielzahl von Möglichkeiten tun sich auf.

Longiert wird in allen drei Grundgangarten. Vorab gilt dazu zu sagen, dass das Pferd gut in den Grundgangarten Schritt und Trab gearbeitet sein sollte, bevor die Ausbildung im Galopp angefangen wird. Das Pferd sollte gelernt haben, sich in einem gleichmäßigen Takt und in Selbsthaltung an der Longe im Schritt und Trab zu bewegen, bevor mit der Galopparbeit begonnen wird. Weshalb? Der Trab ist nur so gut, wie der Schritt ist. Hat ein Pferd einen hastigen und davonstürmenden Schritt, so wird sich dieses Bild im Trab wiederholen – ganz zu schweigen dann im Galopp. Hat ein Pferd einen zu langsamen Schritt, so gilt es, die richtige Kombination von Übungen und Figuren für dieses Pferd herauszufinden. Würde man dieses Pferd im Trab einfach vorwärts schicken, so würde man sehr viel Energie verschwenden und Frust aufbauen. Elegante Lösungen beim Longieren sind gefragt und keine Kraftakte. Nur so können wir die Pferde freudig und sensibel halten.

Es gilt: »Was du dir im Schritt und Trab erarbeitet hast, wird dir im Galopp geschenkt!«

Ziel des Longierens sollte sein, dass das Pferd Takt, Rhythmus, Losgelassenheit und Biegung entwickelt mit dem Ziel der Versammlung.

Zug erzeugt Gegenzug: Die Longe ist angespannt, das Pferd zieht nach außen, die Longenführerin lässt sich von ihrem Kreis abbringen und läuft dem Pferd hinterher

Die Figuren beim Longieren

Haben Sie sich schon einmal Gedanken darüber gemacht, welche Bahnfiguren Sie longieren können? Longieren besteht nicht nur aus einem Zirkel, sondern aus einer Vielzahl von Figuren und Übungen.

Zirkel

(Gangarten: Schritt, Trab, Galopp)

Zuerst kurz zu dem Begriff »Zirkel«: In der Schweiz wird oft auch der Begriff »Volte« oder »große Volte« anstelle von »Zirkel« verwendet.

Der Longierzirkel hat einen Durchmesser von 12–15m. Grundsätzlich gibt es dazu zu sagen, dass die Zirkelgröße dem Ausbildungsstand des Pferdes angepasst wird. Jungen Pferden in der Ausbildung fällt es leichter, auf einem größeren Zirkel zu gehen. Ältere Pferde hingegen, die ihre Selbsthaltung an der Longe schon gefunden haben, sind in der Lage, auch auf einem kleineren Zirkel zu gehen. Bei sehr alten Pferden, die eventuell schon Arthrose oder etwas Ähnliches haben und dadurch etwas steif sind, ist es aber wieder sinnvoll, größere Zirkel zu longieren und auf enge Wendungen zu verzichten.

Die Kunst ist, einen wirklich runden Zirkel zu longieren. Oft stellt der Longenführer erstaunt fest, dass er das ganze Viereck

So ist es richtig:
Die Longenführerin schließt die Hand, weist mit der Longe in die gewünschte Bewegungsrichtung und treibt das Pferd mit der Peitsche weiter

gebraucht hat und unmerklich »gewandert« ist. Dies bedeutet, je präziser der Longenführer selbst auf einem Zirkel geht, desto einfacher fällt es dem Pferd, ebenfalls auf der Zirkellinie zu gehen. Die Größe des Kreises, auf dem der Longenführer geht, hängt vom Pferd ab. Habe ich zum Beispiel ein eher unsicheres Pferd, so bleibe ich am Anfang des Longierens näher bei ihm, d. h. ich selbst gehe einen größeren Kreis. Die Gesamtzirkelgröße bleibt dabei unverändert. Dann gibt es auch Pferde, die einen größeren Abstand zum Longenführer brauchen, die heftig oder unruhig werden, wenn man am Anfang des Longierens zu nahe steht. Hier gehe ich selbst einen kleineren Kreis und lasse mehr Raum zwischen mir und dem Pferd.

Ziel der Zirkelarbeit ist es, dass das Pferd Takt und Rhythmus bei gleichmäßiger Biegung entwickelt.

DIE HILFENGEBUNG Der Longenführer steht in einer treibenden und leicht biegenden Position ungefähr auf Kruppenhöhe des Pferdes. Die longenführende Hand wird locker seitlich am Körper gehalten. Die Gerte wird auf Fesselhöhe des inneren Pferdehinterbeines gehalten und geht passiv (Bewegung erhaltend) oder aktiv (Bewegung verstärkend) mit dem Pferdehinterbein mit. D. h. sie wird von hinten nach vorne geführt. Wie aktiv oder passiv hängt davon ab, was ich mit der Bewegung des Pferdes erreichen möchte.

Was tun wenn …

… das Pferd nicht flüssig vorwärts geht?
Steht der Longenführer zu weit vorne, kann es vorkommen, dass das Pferd nicht mehr flüssig vorwärts gehen will, sich mit dem Kopf gegen den Longierenden dreht oder im Extremfall ein aggressives Verhalten gegenüber dem Longen-

Pferde, die zu früh seitlich ausgebunden wurden, suchen später oft Anlehnung in der Longe

führer zeigt. Dies liegt daran, dass das Pferd zwei unterschiedliche Hilfen vermittelt bekommt. Einerseits wird es mit der Gerte getrieben, andererseits steht der Mensch in einer bremsenden Position. Hier gilt: Position überprüfen und weiter hinten stehen, d.h. eine stärker treibende Position einnehmen.

… das Pferd hereindrückt?
Zuerst gilt es die eigene Position und sich selbst zu überprüfen: Stehe ich zu weit vorne oder zu weit hinten? Ich verändere meine Position ein wenig nach vorne oder hinten, überprüfe meine Körperhaltung; zeigt die longenführende Hand in die Bewegungsrichtung oder ziehe ich evtl. sogar das Pferd zu mir herein? Ich verändere ganz leicht meine Position und beobachte, was geschieht.
Drückt das Pferd an einer bestimmten Stelle herein, so verändern Sie die Gertenhaltung, indem Sie mit der Gerte im Takt des Hinterbeines mitgehen oder evtl. auch mit einer ruhigen Gerte gegen die Schenkellage des Pferdes zeigen, als ob Sie beim Reiten deutlicher den Schenkel gebrauchen würden. Wichtig ist, dass Sie diese Hilfe aufbauen, bevor das Pferd anfängt hereinzudrücken. Agieren und nicht reagieren führt zum Erfolg. Hat das Pferd einmal seinen Körper in eine bestimmte Richtung in Bewegung gesetzt, ist es ganz schwer, diese in Bewegung gebrachte Masse kurzfristig in eine andere Richtung umzuleiten!
Drückt das Pferd nur im Trab oder Galopp herein, so ist die nächsttiefere Gangart nochmals aufzubauen. Dies bedeutet oft, dass das Pferd Mühe hat, sich zu biegen. Hat es das schon im Schritt, wird die Biegung mit der Trabarbeit nicht verbessert. Also zurück zur Basis! Viereck longieren, d.h. kuzfristig vermehrte Biegung, dann wieder geradeaus als Entspannung oder, wenn möglich, kleine Volten longieren. Siehe weiter hinten im Buch.
Drückt das Pferd herein, weil es scheut, so hilft oft der nochmalige Aufbau über die zweite und dritte Führposition. Dadurch wird wieder Ruhe und Vertrauen hergestellt, was dem Pferd dann auch wieder ermöglicht, in einer gewissen Distanz zum Longenführer zu gehen.

… das Pferd hinauszieht oder Außenstellung hat?
Gründe dafür, dass das Pferd hinauszieht, gibt es viele: Für das Pferd ist es ungemein wichtig, dass der Longenführer selbst präzise auf seiner Kreislinie geht. Fängt der Longenführer z.B. an, beim Gehen auch nur ganz leicht seitlich zu gehen, d.h. sein inneres Bein tritt in Richtung nach außen und kreuzt so sein äußeres Bein (so, wie ein Pferd Seitengänge geht), so verliert er das Gefühl für den Zirkel. Zieht nun das

Pferd ganz leicht nach außen, verlässt der Longen-führer unmerklich immer wieder seine Kreis-linie, was einem Jo-Jo-Effekt bewirkt. Für das Pferd ist das sehr unpräzise. Es kann sich nicht auf eine Zirkellinie einstellen, was dazu führt, dass es die Stabilität in der Longe sucht und sich richtiggehend in sie hineinhängt. Ein weiterer Grund für das Hinausziehen kann auch sein, dass Sie als Longenführer mit Ihren Schultern parallel zum Pferdekörper stehen oder dass ihre Position zu weit vorne ist. Diese Körperhaltung siganlisiert dem Pferd: »Geh weg!«, was das Pferd dann ja auch prompt versucht. Überprüfen Sie Ihre Körperhaltung, bringen Sie ihre Hüfte und Ihre Schulter wieder in den gleichen Winkel wie die Schultern und die Hüfte des Pferdes. Bringen Sie Ihren Körper wieder in die treibende und evtl. auch in eine stärker biegende Position.

Für den Longenführer sind Pferde, die herausziehen, auch insofern eine Herausforderung, als er sehr gut darauf achten muss, nicht selbst ins Ziehen zu geraten. Das würde die Situation nur verschlimmern. Hierzu gibt es eine schöne Übung: Geben Sie einem Partner die Longe in die Hand und »longieren« Sie ihn. Nun fordern Sie ihn auf, nach außen zu ziehen. Sofort fangen Sie an, ebenfalls zu ziehen. Fragen Sie Ihren Partner, der in diesem Moment ja Pferd spielt, wie er sich fühlt, wenn Sie ebenfalls anfangen, dagegenzuziehen. Nun beginnen Sie nochmals von Neuem. Sobald nun Ihr Partner wieder anfängt nach außen zu ziehen, begrenzen Sie mit Ihrer Hand, d.h. Sie schließen ruhig und bestimmt die Hand, ohne gegenzuziehen. Achten Sie dabei gut auf Ihr eigenes Zentrum und die Stabilität Ihrer Füße. Nehmen Sie auch wahr, wie Sie, sobald der Druck des »Pferdes« nachlässt, ruhig ihre Hand wieder weich werden lassen. Nun fragen Sie Ihren Partner wieder nach dem Feedback. Er wird Ihnen wahrscheinlich sagen, dass er beim ersten Teil der Übung, als Sie angefangen haben, ebenfalls zu ziehen, mehr Druck aufgebaut hat. Die ganze Situation wurde »härter«. Bei der begrenzenden Hand war er wahrscheinlich viel eher bereit, nachzugeben. Der Vorteil für den Longenführer liegt in der begrenzenden Hand nicht nur darin, dass das Pferd weniger Druck aufbaut, sondern auch, dass er besser spüren kann, wann er die Hand wieder weicher machen kann. Und genau das ist der Punkt. Wie soll das Pferd wissen, was wir von ihm wollen, in diesem Fall das Gehen an der Longe ohne Hinausziehen, wenn unsere Hand auch dann noch fest bleibt, wenn das Pferd längst nachgegeben hat!

Wenn Pferde Mühe bekunden, sich zu biegen, kann es ebenfalls sein, dass sie vor allem im Trab und Galopp nach außen ziehen. Hier gilt es, das Pferd über sinnvolle Übungen wie z. B. Viereck mit Volten schrittweise an eine bessere Biegung heranzuführen. Und auch hier – biegt sich das Pferd im Trab schlechter als im Schritt – wird die Übung zuerst im Schritt wieder aufgebaut. Ist sie im Galopp schlechter, so erfolgt der Aufbau im Trab und Schritt. Was sich auch bewährt hat, ist das Pferd an der Hand seitlich übertreten zu lassen. Mehr dazu im Kapitel »Tipps und Tricks«.

Werden Pferde zu früh seitlich ausgebunden, so haben sie die Tendenz, wenn ihnen die seitliche Begrenzung fehlt, diese Anlehnung in der Longe zu suchen.

Und dann gibt es auch Pferde, die sich aus nicht ersichtlichen Gründen einfach in die Longe »hängen«. Hier kann als Lösungsmöglichkeit sich die Arbeit an der Doppellonge als sehr wirkungsvoll erweisen.

Volte

(Gangarten: Schritt, Trab, Galopp)

In der Volte soll sich das Pferd stärker biegen als z. B. auf dem Zirkel. Volten werden in einer Größe von 6 bis 8 m Durchmesser longiert, je nach Biegungsvermögen des Pferdes.

Um eine Volte einzuleiten, bewegt sich die Longenführerin auf die Hinterhand des Pferdes zu …

… verkürzt die Longe …

… weist mit der Longenhand deutlich in die Bewegungsrichtung …

... unterstützt das innere Hinterbein durch behutsames Treiben mit der Peitsche ...

... und schickt das Pferd schließlich wieder nach außen auf den Zirkel ...

... wobei sie die Longe langsam verlängert

Fällt ein Pferd mit der Kruppe aus, kann man die Peitsche so führen, als ob man die äußere Seite begrenzen wollte

EXTRA·TIPP

Welche Vorteile bietet ein Kappzaum?

Der Kappzaum wirkt auf den empfindlichen Facialisnerv des Pferdes. Die Longe kann direkt am Kappzaum befestigt werden, so dass die Longe nicht störend auf das Gebiss einwirkt. Zudem ist die Hilfengebung sehr direkt und kann subtil eingesetzt werden.

Sie können von der Zirkellinie oder von einer Gerade aus angesetzt werden. Wichtig hierbei ist wie beim Zirkel, dass Takt und Rhythmus den Vorrang vor der Biegung haben. Wird ein Pferd langsamer in der Volte, so ist die Voltengröße und der Schwung des Pferdes zu überprüfen. Auch die eigene Position ist immer wieder zu korrigieren. Ziel ist, dass das Pferd gleichmäßig auf der Voltenlinie gehen kann. Eine Volte korrekt in Biegung und bei gleichbleibendem Takt und Rhythmus zu gehen ist für das Pferd nicht so einfach. Es muss mit dem Hinterbein vermehrt Gewicht aufnehmen, kraftvoller treten und sich gleichzeitig biegen. Wenn das Pferd korrekt gebogen ist, tritt es mit dem inneren Hinterbein in die Spur des inneren Vorderbeines. Ist das nicht der Fall – tritt es außen oder innen vorbei –, ist die Biegung ungenügend. Das Pferd kann z. B. auf einer Seite verspannt sein oder zu wenig gymnastiziert. Zieht es nach außen, ist die Gangart zu überprüfen (einen »Gang« runterschalten), eine stärker biegende Position einzunehmen oder die Voltengröße bzw. die Vorbereitung zu überdenken.

HILFENGEBUNG Um das Pferd auf eine Volte zu führen, verlasse ich meine treibende Position und trete mit ein, zwei Schritten deutlich hinter das Pferd (d.h. auf die Hinterhand des Pferdes zu) in eine biegende und treibende Position. Dabei öffne ich die longenführende Hand vermehrt in die Biegungsrichtung und zeige mit meiner Hand dem Pferd den Weg in die Biegung. Gleichzeitig treibe ich das innere Hinterbein deutlicher mit der Gerte von hinten nach vorne oder zeige je nach Pferd mit der Gerte auch in die Schenkellage. Meinen Oberkörper neige ich ebenfalls ganz leicht in die Biegung. Dadurch, dass ich eine stärker biegende Position einnehme, wird das Pferd auf eine Volte gehen. Ganz natürlich, ohne dass ich an der Longe ziehe und das Pferd aus dem Gleichgewicht bringe. Die longenführende Hand wirkt höchstens begrenzend, jedoch nie ziehend.

GEDANKENSTÜTZE Wenn ein Pferd auf der Volte geht, stelle ich mir vor, dass ich ein Auto fahre. Das innere Pferdehinterbein fühlt sich für mich so an, als ob ich im dritten Gang bei 60km/h fahre; das äußere Hinterbein ebenfalls, jedoch im vierten Gang. Deshalb achte ich darauf, dass ich das innere Hinterbein gut mit meiner Gertenhilfe unterstütze. Nur so kann es vermehrt Gewicht aufnehmen und doch den Takt beibehalten.

Was tun, wenn?

- Verliert das Pferd in der Volte an Schwung, so können Sie den Schwung nochmals über das Longieren auf der Geraden oder den Zirkel aufbauen. Außerdem gilt es, die Voltengröße zu überprüfen. War sie vielleicht zu klein für das Pferd?
- Zeigt das Pferd zu wenig Biegung, so können Sie eine stärker biegende Position hinter dem Pferd einnehmen oder die Gertenhilfe in der Schenkellage variieren.
- Fällt ein Pferd in der Volte über die innere Schulter, so können Sie ebenfalls die Gertenhilfe in der Schenkellage benutzen, um das Pferd zu stabilisieren.
- Bei Pferden, die in der Volte mit der Kruppe ausfallen, führen Sie die Longiergerte so, als ob Sie mit ihr die äußere Seite des Pferdes begrenzen wollen.
- Steht der Longenführer zu weit vorne, kann es vorkommen, dass das Pferd sich mit dem Kopf gegen den Longierenden dreht. Position überprüfen, weiter hinten stehen und dabei gut vorwärts treiben.

Geradeaus

(Gangarten: Schritt, Trab, Galopp)

Durch das Longieren auf einer Geraden kann das Pferd mehr Schwung und Energie aufbauen. Gleichzeitig ist es auch eine hervorragende Kontrolle über die Hilfengebung und die Akzeptanz der treibenden Position vom Pferd. Dadurch, dass Energie über die Gerade freigesetzt wird, ist diese Figur bei z. B. vorwärts stürmenden oder für den Moment sehr »geladenen« Pferden mit Vorsicht zu genießen. Es kann nämlich gut sein, dass das Pferd dann erst recht die Gelegenheit nutzt, nach vorne wegzupreschen! Im Gegensatz dazu kann bei sehr trägen Pferden das Geradeausgehen Schwung in die Bewegung bringen.

Geradeaus longieren baut Energie auf

HILFENGEBUNG Wichtig für das Geradeauslongieren ist, dass ich mein Pferd frühzeitig auf die Gerade leite. Bereite ich mein Pferd zu spät vor, so braucht es einen Moment, bis es sich wieder geradeausrichten kann. Also, schon in der Volte oder dem Zirkel an das Geradeaus denken. Einfacher ist es auch am Anfang, wenn das Pferd auf dem Hufschlag geradeaus longiert wird.

Um das Pferd geradeaus longieren zu können, nehme ich eine Position auf Kruppenhöhe oder evtl. etwas weiter vorne ein, jedoch nie vor der Schenkellage des Pferdes. Der Blick und Schritt sind geradeaus gerichtet. Gleichzeitig zeigt die longenführende Hand in die Richtung, in welche das Pferd gehen soll. Die Gerte treibt weiterhin in dem Maß, wie das Pferd es braucht, die Hinterhand an.

Um das Pferd dann wieder auf einen Zirkel oder eine Volte zu bringen, trete ich mit meinem Körper in eine stärker biegende und treibende Position (auf Kruppenhöhe oder je nach Pferd auch weiter hinten) zurück.

GEDANKENSTÜTZE Stellen Sie sich vor, dass die longenführende Hand wie eine Leitplanke für das Pferd ist, an der es in einem gewissen Abstand entlanggeht.

Was tun, wenn?

- Wird das Geradeausgehen zu spät eingeleitet, sieht es so aus, als ob das Pferd gegen den Longenführer drückt. Frühzeitigeres Einleiten schafft Abhilfe.
- Steht der Longenführer zu weit vorne, kann es vorkommen, dass das Pferd sich mit dem Kopf gegen den Longierenden dreht. Position überprüfen, weiter hinten stehen und dabei gut vorwärts treiben.
- Wird ein Pferd zu schnell beim Geradeausgehen, ist das Maß der Hilfengebung zu überprüfen. Auch kann ein zu abruptes Einleiten der Gerade diese Pferde zum Davonstürmen verleiten.
- Akzeptiert das Pferd überhaupt nicht eine treibende Position (das kann vorkommen, z. B. wenn Pferde schlechte Erfahrungen gemacht haben, den Menschen nicht akzeptieren oder ausgebunden vorwärts gejagt worden sind) so empfiehlt es sich, dieses Pferd frei zu longieren. Mehr dazu im Kapitel »Tipps und Tricks« ab Seite 91.

Soll das Pferd nach der Ecke geradeaus gehen, muss die Longenhand rechtzeitig in Bewegungsrichtung weisen

Die Longenführerin tritt hinter das Pferd, um so stärker biegend auf das Pferd einzuwirken

Aus der Ecke kehrt / Kehrtvolte

(Gangarten: Schritt, Trab, Galopp für sehr fortgeschrittene Pferde)

Die Übung Aus der Ecke kehrt/Kehrtvolte ist eine Kombination von Geradeausgehen und kurzzeitig erhöhter Biegung. Die Biegung fällt dem Pferd oft leichter, weil sie nicht so lange andauert wie auf einer Volte. Auch bei dieser Übung gilt, dass das Pferd bei der Kehrtvolte den Takt beibehält. Kehrtvolten/Aus der Ecke kehrt beinhalten auch eine sanfte wechselseitige Biegung (das Pferd geht nachher auf der anderen Hand weiter), welche vor und nach dem Wechsel von einer Entspannungsphase (geradeaus gehen) begleitet wird. Wechselseitige Biegungen bringen viel Bewegung in den Rücken des Pferdes und lassen diesen geschmeidig werden.

Wichtig ist, dass vor dem Wechsel über den Platz entschieden wird, der dem Pferd für die Kehrtvolte zugestanden wird.

HILFENGEBUNG Das Pferd wird auf dem Hufschlag geradeaus longiert. Nun wechselt der Longenführer Gerte und Longierleine jeweils in die andere Hand, indem er die Gerte kurzzeitig in die longenführende Hand hineinlegt, mit der frei gewordenen Hand die Longierleine greift und nun mit überkreuzten Händen Longierleine und Gerte hält, wobei die longenführende Hand oben liegt. Dabei bleibt die longenführende Hand weiter in der Bewegungsrichtung des Pferdes und die Gerte zeigt auf die Hinterhand. Auch der Abstand des Longenführers zum Pferd verändert sich nicht (ganz wichtig). Soll nun eine Kehrtvolte oder auch Aus der Ecke kehrt eingeleitet werden, so tritt der Longenführer wie bei der Volte hinter das Pferd, in eine stärker biegende Position, treibt mit der Gerte (die Arme sind immer noch gekreuzt) das innere Hinterbein des Pferdes nochmals deutlich an (damit das Pferd genügend Schwung hat, um den Takt bei der kurzzeitig erhöhten Biegung beizubehalten), entkreuzt die Arme, gibt mit der Longierleine ein ganz klein wenig in Richtung Pferdekopf nach und geht mit ausgebreiteten Armen ein paar Schritte rückwärts in Richtung Zirkelmittelpunkt. Durch die stärker biegende Position wird das Pferd zu einer Volte ansetzen; der Menschenkörper, der mit ausgebreiteten Armen dasteht, verwehrt dem Pferd das Weitergehen auf der Volte, wodurch das Pferd vor dem Longenführer durchgeht und so einen Handwechsel ausführt. Sofort geht der Longenführer wieder in seine treibende Position auf Kruppenhöhe und lenkt das Pferd entweder weiter auf eine Gerade oder den Zirkel. Keinesfalls darf diese Übung durch Ziehen an der Longe eingeleitet werden, da dies das Pferd aus dem Gleichgewicht und auf die Vorhand bringen würde; die longenführende Hand wirkt höchstens begrenzend.

ÜBUNG Die ersten Handwechsel sind eine große Herausforderung an die Koordination von Longe, Gerte und Körpersprache für den Longenführer und weniger für das Pferd. Nehmen Sie sich zur Übung einen Partner.

Ausgehend von der normalen Peitschen- und Longenhaltung …

… werden Longe und Peitsche gewechselt …

… und die Arme gekreuzt

Was tun, wenn?

▸ Wurden Pferde früher schon longiert und dafür bestraft, wenn sie nach innen gekommen sind, so können diese Pferde Angst haben vor einem Handwechsel. Geben Sie diesen Pferden viel Raum zum Wechseln, d. h. gehen Sie selbst mehr zurück und legen Sie Wert auf eine ruhige Hilfengebung. Zögert das Pferd, den Wechsel durchzugehen, so ermuntern Sie es mit der Stimme zum Weitergehen nach dem Motto: »Gut, mach weiter so!«

▸ Wirft ein Pferd sich abrupt auf der Hinterhand herum, so kann es sein, dass die Hilfengebung zu schnell und überraschend für das Pferd kam. Beginnen Sie noch einmal mit mehr Ruhe in der Hilfengebung und geben Sie dem Pferd genügend Raum zum Wechseln.

▸ Achten Sie gut darauf, den Wechsel ruhig und bestimmt vorzubereiten. Pferde können das Kreuzen der Hände damit verbinden, dass sie von sich aus den Wechsel einleiten. Oft ist der Longenführer am Anfang überrascht oder auch froh, dass es so »reibungslos« klappt. Das Problem ist jedoch, dass das Pferd dann selbst bestimmt, wie und wann es den Handwechsel durchführt. Achten Sie also bei der Vorbereitung darauf, dass Sie, auch während Sie die Hände gekreuzt halten, das Pferd weiter vorwärts schicken, den Abstand zum Pferd gleich halten und erst wenn Sie wollen, ganz konkret den Handwechsel durch das Hinten-an-das-Pferd-Treten und Entkreuzen der Arme einleiten.

▸ Stürmt das Pferd beim Einleiten des Handwechsels nach vorne weg, so hat es oft damit zu tun, dass die Pferde Angst oder eine große innere Spannung haben. Eine Möglichkeit ist, das Pferde wieder näher zu sich zu nehmen und den Wechsel in einem kürzeren Abstand zum Pferd vorzubereiten.

Hat das Pferd auch damit noch Mühe und ist es schon geritten, so kann man auch einen Reiter darauf setzen, der mithilft dem Pferd begreiflich zu machen, dass es keine Angst vor dem Handwechsel zu haben braucht. Oft hat das »Nicht-wechseln-Wollen« auch damit zu tun, dass das Pferd vielleicht schon einige relativ enge Wechsel gemacht hat. Es hat nun das Gefühl, dass es diese enge Wendung nicht machen kann, weil es noch zu wenig gymnastiziert ist und zu wenig Kraft hat. Da hilft nur üben, üben, üben. Das Pferd gut mit kleinen Volten auf den Wechsel und die damit verbundene stärkere Biegung vorbereiten und ihm beim Wechsel genügend Platz lassen.

Der Raum für den Wechsel ist zu eng kalkuliert: Das Pferd wirft sich auf der Hinterhand herum und kreuzt mit den Vorderbeinen

Longieren Sie Ihren Partner durch den Handwechsel. So können Sie in Ruhe das Wechseln der Gerte und Longe sowie das Halten des Abstandes zum Pferd sowie das Hinter-das-Pferd-Treten in Ruhe üben. Ihr Partner kann Ihnen ein klares verbales Feedback geben, wie er den Wechsel empfunden hat und was er noch zum besseren Verständnis benötigen würde.

Handwechsel im Zirkel

(Gangarten: Schritt, Trab, Galopp für sehr fortgeschrittene Pferde)

Die Qualität eines Handwechsels hängt von der Vorbereitung ab. Voraussetzungen für einen schönen, gleichmäßigen und auf der Hinterhand ausgeführten Handwechsel:

- Das Pferd muss gebogen auf der Zirkellinie und Volte gehen können.
- Das Pferd muss über genügend Schwung verfügen.

Beim Einleiten der Übung zum Handwechsel muss der Longenführer im Voraus über den Platz entscheiden, den das Pferd zum Wechseln braucht. Wird der Handwechsel eingeleitet, so besteht der Longenführer auf seinem Platz, sofern das Pferd in der Lage ist, sich so stark zu biegen. Fängt er nämlich an, zögerlich rückwärts zu gehen, unsicher, wie viel Raum er nun dem Pferd geben will, so verunsichert er auch das Pferd. Dies kann zur Folge haben, dass das Pferd stehen bleibt, wieder auf dem Zirkel weitergeht oder immer größere Wechsel macht.

Nachdem das Pferd die Hand gewechselt hat, wird es von der Longenführerin weg wieder nach außen getrieben

Durch den Handwechsel im Zirkel wird die wechselseitige Biegung des Pferdes gefördert, was mehr Elastizität und Lockerheit in den Rücken bringt. Anders als bei der Kehrtvolte/Aus der Ecke kehrt, ist diese wechselseitige Biegung nicht von Entspannungsphasen (Geradeausgehen) eingerahmt.

Durch den Handwechsel im Zirkel nimmt das Pferd mit dem jeweiligen inneren Hinterbein mehr Gewicht auf, was sich förderlich auf die Grundgangarten (festigend) auswirkt.

Übrigens, gut gymnastizierte und im Gleichgewicht gehende Pferde sind durchaus in der Lage, durch den Handwechsel auch fliegende Galoppwechsel auszuführen. Voraussetzung hierfür ist, dass das Pferd an der Longe gelernt hat, ruhig zu galoppieren und sich zu setzen.

HILFENGEBUNG Ich gehe bei diesem Beispiel davon aus, dass das Pferd rechte Hand auf einem Zirkel geht. In meiner linken Hand halte ich also die Longiergerte und in meiner rechten Hand die Longierleine. Nun lege ich die Longiergerte ebenfalls kurzfristig in meine rechte Hand (auf die Longe) und greife nun mit der frei gewordenen linken Hand von oben die Longierleine. Nun sind meine Hände gekreuzt und zwar so, dass die Longe nun in meiner linken Hand liegt und die Gerte in meiner rechten. Wichtig dabei ist, dass die longenführende Hand über der gertenführenden Hand liegt. Weshalb? Bei einem Wechsel werden die Hände »entkreuzt«. Läge die gertenführende Hand oben, so würde die Gerte beim Wechsel für einen Moment sehr hoch geführt, was Pferde erschrecken und sie zum Davonstürmen animieren könnte.

Während die Hände des Longenführers gekreuzt bleiben, ist es ganz wichtig, dass das Pferd weiter auf seinem Zirkel oder seiner Volte geht. Die longenführende Hand (auch wenn die Arme nun gekreuzt sind) zeigt in die Bewegungsrichtung des Pferdes und die Gerte bleibt in der treibenden Position am

Was tun, wenn?

▶ Bleibt das Pferd kurz nach dem Einleiten des Wechsels stehen, so kann es sein, dass es ...

- ... ungenügend Schwung hatte, was bedeutet, dass die Übung nochmals aufgebaut wird.
- ... einen Ruck an der Longe spürte – also mehr mit der Hand im Moment des Wechsels nachgeben.
- ... Angst hat, auf den Longenführer zuzugehen oder zuwenig Raum für den Wechsel zur Verfügung hatte. Hier hilft, die Übung nochmals mit geringerem Abstand aufzubauen.

▶ Unsichere Pferde können auch beim Einleiten des Wechsels nach vorne »wegschießen«. Bauen Sie die Übung nochmals auf (über Zirkel und Volten) und stehen Sie je nach Pferd evtl. in einem geringeren Abstand (bei gleichem Radius!).

▶ Wirft sich das Pferd auf der Vorhand herum, anstatt mit der Hinterhand beim Wechsel Gewicht aufzunehmen, so kann das verschiedene Ursachen haben:

- Das Pferd erhielt im falschen Moment einen Ruck oder Begrenzung von der Longe.
- Es wartet nicht, bis der Longenführer den Wechsel einleitet, sondern führt ihn z. B. beim Überkreuzen der Arme bereits selbst aus.
- Es trägt sich zu wenig auf der Hinterhand. Hier kann das Pferd nochmals über Übungen wie Zirkel, Volten und Stehenbleiben evtl. Zirkel verkleinern/vergrößern vermehrt auf die Hinterhand gesetzt werden.
- Es kann sich noch zu wenig biegen. Auch hier erfolgt nochmals eine gründlichere Vorbereitung über Zirkel und Volten evtl. Zirkel verkleinern/vergrößern.

Handwechsel im Galopp fordern großes Geschick vom Longenführer und einen hohen Grad an Gymnaystizierung vom Pferd

Die zurückgelegten Ohren deuten darauf hin, dass das Pferd gerne mehr Raum für den Wechsel hätte

Nachdem die Longenführerin Gerte und Longe gewechselt hat, geht sie auf die Hinterhand des Pferdes zu, als ob sie eine Volte einleiten würde …

Hinterbein. Hat der Longenführer die Aufmerksamkeit des Pferdes, so tritt er hinter das Pferd, so als ob er eine Volte einleiten möchte, treibt das innere Hinterbein des Pferdes nochmals konkret an, entkreuzt die Hände, gibt mit der longenführenden Hand ein wenig in Richtung Pferdekopf nach und geht so viele Schritte rückwärts wie das Pferd Raum für den Wechsel braucht. Sobald das Pferd an ihm vorbeigeht, wechselt er seine Körperposition wieder in die neue treibende und biegende Position und führt das Pferd nun auf der anderen Hand auf die gleiche Zirkellinie wie vor dem Wechsel zurück.

Gerade in den schnelleren Gangarten ist es ungemein wichtig, dass die longenführende Hand im Moment des Wechsels in Kopfrichtung des Pferdes nachgibt. Das Pferd braucht einen

… dann geht sie ein paar Schritte rückwärts, während sie die Arme »entkreuzt« …

… lässt das Pferd an sich vorbeilaufen …

… und treibt es anschließend in der neuen Bewegungsrichtung weiter

Bei den Wechseln muss, während das Pferd an der Longenführerin vorbeiläuft ...

... häufig die Longe nachgefasst und verkürzt werden, damit das Pferd nicht darauf tritt

Moment, bis es sich auf den Wechsel einstellen kann, bis es seinen Körper auf die erhöhte Biegung eingestellt hat. Bekommt es in diesem Moment die Begrenzung der Longierleine zu spüren, bricht es entweder in der Bewegung ab oder fällt über die Schulter in die Biegung hinein.

GEDANKENSTÜTZE Stellen Sie sich vor, wenn das Pferd beim Handwechsel an Ihnen vorbeikommt, Sie mit Ihren Händen das Pferd links und rechts seitlich am Hinterteil »packen« (wie eine Schubkarre an den Griffen) und auf die Zirkellinie zurückschieben. Dieses Bild hilft, dass Sie mit Ihrer Körperhaltung rasch in die treibende Position kommen und Ihre Schultern im richtigen Winkel zum Pferd stehen.

Viereck mit abgerundeten Ecken

(Gangarten: Schritt, Trab, Galopp)

Das Longieren im Viereck kann dem Pferd viel Schwung bringen bei kurzzeitig erhöhter Biegung durch die Ecken. Eine schöne Figur auch für den Longenführer, muss er doch ganz präzise stärker biegende und treibende Positionen abwechselnd einnehmen und frühzeitig darüber entscheiden, wann er das Pferd wieder auf eine Gerade schicken will. Diese Übung ist vor allem am Anfang des Longierens und für träge Pferde wertvoll. Werden gerade schwerere Rassen zu früh auf einer Zirkel- oder Voltenlinie gearbeitet, so verlieren sie schnell an Schwung. Das Longieren im Viereck gibt immer wieder die Möglichkeit, den Schwung neu aufzubauen und das Pferd nur kurzfristig, dafür jedoch gezielt zu biegen.

HILFENGEBUNG Für diese Figuren kombinieren wir die Hilfengebung aus dem Geradeausgehen mit der Hilfengebung zur Einleitung einer Volte. Es ist ein Wechselspiel zwischen geradeaus gehen und kurzzeitig hinter das Pferd treten, um es zu biegen und durch die Ecke zu longieren. Wichtig hierbei ist, dass frühzeitig wieder über das Geradeausgehen entschieden wird. Geschieht das zu spät, so geht das Pferd weiter auf dem Zirkel/Volte (je nach Größe). Denken Sie daran: Das Pferd hat vier Beine und ein weitaus höheres Gewicht als wir. Richtungsänderungen sind daher den unseren gegenüber sehr träge und müssen gut vorbereitet sein.

GEDANKENSTÜTZE Wie fußt Ihr Pferd im Schritt, Trab oder Galopp ab? Was würde geschehen, wenn Sie Ihr Pferd noch ein bisschen treiben würden? Fußt das Pferd in den Grundgangarten so ab, dass Sie das Gefühl haben, Sie könnten es auch noch ein bisschen nachtreiben und es würde nicht in die nächsthöhere Gangart wechseln oder einfach »nur« schneller werden, sondern kraftvoller treten? Wenn Sie das Gefühl haben, dass Ihr Pferd Ihnen davonrollt oder bei der nächsten Bewegung davonstürmt, so ist es nicht der Zeitpunkt, um es geradeaus zu longieren! Die Gerade würde das Pferd dazu animieren davonzustürmen. Vielmehr sind Zirkel und Volten angesagt oder auch ein ruhiges Stehenbleiben, um die Situation zu beruhigen.

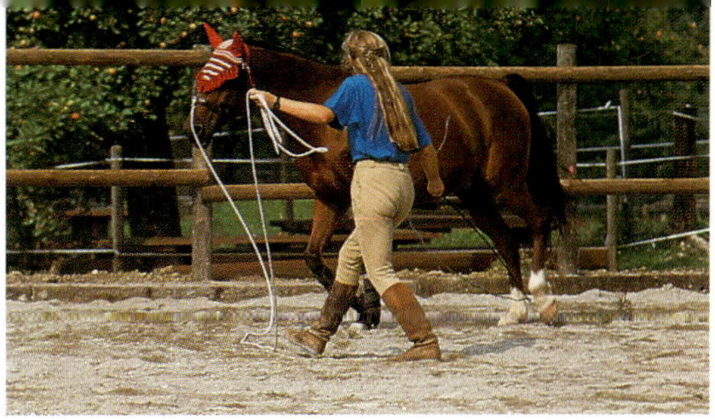

Wird das Geradeausgehen zu spät eingeleitet, kommt das Pferd nach innen

In der Ecke ...

... wird das Pferd deutlich gebogen ...

... und anschließend wieder geradeaus auf die Gerade geschickt

Was tun, wenn?

- Wird das Pferd beim Geradeausgehen zu schnell, so führen Sie das Pferd zurück auf die Zirkellinie. Arbeiten Sie das Pferd über Zirkel, Volten, evtl. Stehenbleiben oder Zirkel verkleinern/vergrößern so lange, bis es Takt und Rhythmus in der gewünschten Gangart zeigt. Longieren Sie erst dann wieder auf eine Gerade.
- Drückt das Pferd nach der Ecke zu Ihnen herein, so ist wahrscheinlich das Geradeausgehen zu spät eingeleitet worden.
- Geht das Pferd nicht gebogen durch die Ecke, so ist auch hier die Hilfengebung zu überprüfen. Stehen Sie in der biegenden und treibenden Position? Zeigt die longenführende Hand in die Bewegungsrichtung?

Viereck mit Volten

(Gangarten: Schritt, Trab, Galopp)

Diese Figur erfordert vom Pferd eine kurzzeitig erhöhte Biegung in Form einer Volte, gefolgt von einer Entspannungsphase über die Gerade. Dies ist eine hervorragende Möglichkeit, Pferde an die Biegung heranzuführen und auch solche Pferde zu arbeiten, die sich eher träge bewegen. Über die Gerade kann immer wieder genügend Schwung für die Volte aufgebaut werden. Das Pferd wird in der Biegung nicht überfordert und kann so immer wieder mit frischem Schwung an die nächste Biegung herangeführt werden.

HILFENGEBUNG Die Hilfengebung setzt sich aus dem Geradeausgehen und der Volte zusammen. Achten Sie darauf, dass Sie in der Volte das Pferd gut mit der Gerte unterstützen, damit es ihm leichter fällt, Takt und Rhythmus aufrechtzuerhalten.

GEDANKENSTÜTZE Gehen Sie die Figur selbst auf dem Arbeitsplatz oder stellen Sie sich beim Longieren vor, die Figur wäre mit weißer Kreide auf den Boden gemalt. Dies hilft Ihnen, konkret das Pferd in dieser Figur zu longieren.

Nützlich für Pferd und Longenführer kann auch sein, in den Ecken Pilonen oder Reifen aufzustellen bzw. hinzulegen. Das gibt für beide einen zusätzlichen Anhaltspunkt für das Viereck und die Volten.

Rechtzeitig vor der Ecke …

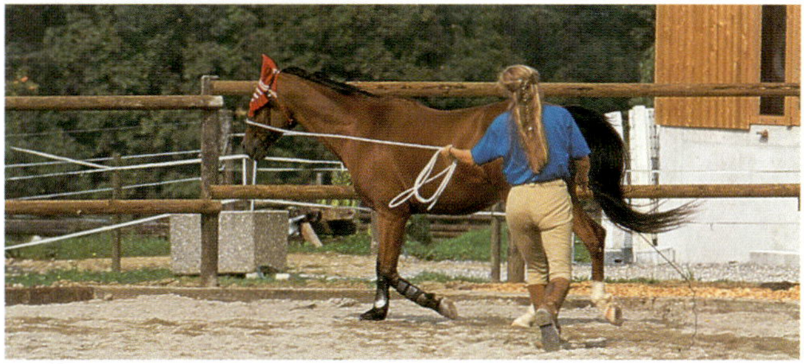

… wird das Pferd auf eine Volte abgewendet …

… zu erhöhter Biegung …

… aufgefordert und …

… anschließend geradeaus weiterlongiert

Was tun, wenn?

- Verliert das Pferd in der Volte an Schwung, so überprüfen Sie die Voltengröße. War sie vielleicht zu klein? Oder braucht das Pferd schon auf der Geraden mehr treibende Hilfen?
- Fällt das Pferd in der Volte über die innere Schulter, so können Sie dem Pferd mit der Gertenhilfe in der Schenkellage helfen, in der Volte stabil zu bleiben. Überprüfen Sie auch die longenführende Hand – zeigt sie in Bewegungsrichtung?
- Biegt sich das Pferd in der Volte nicht oder zu wenig, kann auch hier die Gertenhilfe in der Schenkellage dem Pferd deutlich machen, was von ihm gewünscht wird.

Zirkel verkleinern

(Gangarten: Trab, Galopp)

Zirkel verkleinern ist eine Figur, die nur im Trab oder Galopp longiert wird. Weshalb? Diese Übung erfordert von den Pferden ein hohes Maß an Biegung und Schwung. Im Schritt wäre das nur mit großem Aufwand an Hilfengebung aufrechtzuerhalten. Zu starke Hilfengebung kann das Pferd jedoch abstumpfen und zudem ist es unfair den Pferden gegenüber, von ihnen etwas zu verlagen, was für viele gar nicht möglich ist, sinnvoll auszuführen.

Wird die Figur im Trab oder Galopp longiert, so ist es eine hervorragende Möglichkeit, an der Biegung des Pferdes und der Gewichtsaufnahme der Hinterhand zu arbeiten. Dadurch, dass es sich kontinuierlich mehr biegen muss, kommt die Hinterhand vermehrt zum Tragen; Energie wird aufgebaut. Wichtig bei dieser Figur ist, dass das Pferd in der Biegung nicht überfordert wird. Denken Sie daran: Takt und Rhythmus haben den Vorrang vor der Biegung. Verliert das Pferd an Schwung, so ist der Zirkel wieder zu vergrößern und neu mit der Übung zu beginnen.

HILFENGEBUNG Die Übung wird aus dem Zirkel heraus begonnen. Der Longenführer tritt ruhig einen Schritt hinter das Pferd auf die Kruppe zu in eine stärker biegende Position und nimmt dabei die Longe ein wenig auf, welche dadurch, dass das Pferd sich auf das Zirkel verkleinern einlässt, frei wird. Nun lässt er das Pferd weiter auf der neuen Kreislinie gehen. Je nach

Die Longe wird beim Zirkel verkleinern nachgefasst, ohne an der Longe zu ziehen. Die Longenführerin bleibt dabei in der treibenden Position

Pferd kann das einmal herum oder länger sein, tritt dann wieder einen Schritt hinter das Pferd, nimmt wieder die Longe auf, die durch die veränderte Position frei wird, lässt das Pferd wiederum auf der neuen Linie gehen usw. Dies macht er so lange, bis das Pferd auf einer adäquaten Voltengröße angekommen ist. Das Zirkel verkleinern darf nie durch Ziehen an der Longe eingeleitet werden. So würde der Longenführer das Pferd auf die Vorhand bringen. Dadurch, dass der Longenführer immer wieder neu eine stärker biegende Position einnimmt und dabei auch immer näher an das Pferd herantritt, muss automatisch die Longe kürzer aufgenommen werden.

Was tun, wenn?

- Verliert das Pferd an Schwung, so vergrößern Sie den Zirkel wieder, bauen neuen Schwung z. B. über die Gerade oder auf dem Zirkel durch Übergänge auf und beginnen von vorne.
- Fällt das Pferd über die Schultern beim Zirkel verkleinern, so können Sie als erste Maßnahme das Pferd mit der Gertenhilfe in der Schenkellage unterstützen. Hilft das dem Pferd nicht, so bauen Sie die Übung nochmals auf; Entweder eine Gangart tiefer oder in der gleichen Gangart durch Volten oder dem Viereck mit Volten.

▸ **PROFI·TIPP**

▸ **Wieso soll die Longe nicht durchhängen?**

Eine am Boden schleifende Longe ist gefährlich: Allzu leicht tritt man während des Longierens in die hängende Longe! Ist eine Longe verdreht, kann man die Hilfen nicht mehr exakt geben.

Diese Figur verlangt vom Pferd, dass es sich über einen längeren Zeitraum (länger als z. B. in einer Volte) kontinuierlich biegt. Eine anspruchsvolle Lektion für das Pferd.

GEDANKENSTÜTZE Stellen Sie sich einen Fluss vor, der in einem normal breiten Flussbett fließt. Nun wird das Flussbett immer ein wenig schmaler. Das Wasser fängt an, mit mehr Energie durch das schmalere Bachbett zu fließen. Stellen Sie bei sich selbst für diese Übung genügend Energie bereit und unterstützen Sie Ihr Pferd!

Zirkel vergrößern

(Gangarten: Trab, Galopp)

Nach dem Zirkel verkleinern folgt das Zirkel vergrößern. Diese Figur kann mit zwei verschiedenen Absichten longiert werden. Sie können das Zirkel vergrößern sehr weich gestalten, indem Sie die aufgebaute Energie in weiche fließende Vorwärts-abwärts-Bewegungen fließen lassen, oder Sie bewahren die erarbeitete Energie durch entsprechende Gertenhilfe und Körpersprache beim Vergrößern und nutzen dann diese Energie in einer weiteren Übung wie z. B. Angaloppieren, Trabtritte oder Galoppsprünge verlängern.

HILFENGEBUNG Je nachdem, welche Haltung und Energie beim Pferd angestrebt wird, erfolgt das Zirkel vergrößern durch ein sanftes Herauslassen oder ein energievolles Heraustreiben des Pferdes. Hat das Pferd erst einmal den Zirkel verkleinert, so lasse ich es je nach Schwung und Biegung ein, zwei Volten gehen, verändere dann meine Körperposition in eine nicht mehr so stark biegende Position (das kann übrigens minimal sein) und lasse das Pferd kontinuierlich nach außen gehen bei entsprechendem Nachgeben der Longierleine. Je nachdem, was ich dabei für eine Haltung vom Pferd möchte, wirkt die Gerte begleitend oder nachtreibend (Energie beibehaltend) oder weich nachgebend (Vorwärts-abwärts-Lassen des Pferdes).

GEDANKENSTÜTZE Sie können das gleiche Bild wie beim Zirkel verkleinern nutzen. Wollen Sie die Energie beibehalten, so lassen Sie das Wasser in einem schmaleren Bachbett fließen. Wollen Sie das Pferd weich in die Vorwärts-abwärts-Bewegung hineinführen, so stellen Sie sich ein breites Flussbett vor, in dem das Wasser ruhig dahinfließt.

Schlangenlinien

(Gangarten: Schritt, Trab, Galopp für sehr fortgeschrittene Pferde)

Können Sie sich vorstellen, dass Ihr Pferd, sich korrekt biegend, in gleich bleibendem Takt und Rhythmus mehrere Schlangenlinien an der Longe ausführt? Ein Traum? Keineswegs. Es braucht nur die nötige Vorbereitung, um das Pferd in die Haltung zu bringen, damit es das kann. Schlangenlinien sind ein wunderschönes Beispiel für wechselseitiges Biegen des Pferdes. Sie stellen hohe Anforderungen an das Pferd, die jedoch zu erfüllen sind. Diese Übung wird zuerst im Schritt und Trab geübt. Fortgeschrittene Pferde sind dann auch in der Lage, gleich wie beim Handwechsel, fliegende Galoppwechsel auszuführen. Voraussetzung um Schlangenlinien longieren zu können ist, dass das Pferd in der jeweiligen Gangart gefestigt ist, eine gleichmäßige Biegung in der Volte zeigt und die Wechsel im Zirkel rhythmisch und geschmeidig ausführt. Die Schlangenlinie erfordert vom Pferd eine kurzzeitig stark erhöhte Biegung, gefolgt von einer ganz kurzen Entspannungs- und Umstellungsphase.

HILFENGEBUNG Will ich ein Pferd das erste Mal auf eine Schlangenlinie führen, so fange ich an der kurzen Seite eines Vierecks (Länge ca. 15–20m) an. Ich lasse das Pferd auf dem Hufschlag auf der kurzen Seite gehen, leite dann kurz vor der Ecke eine Kehrtvolte ein, gehe selbst ein, zwei Schritte rückwärts und lasse das Pferd an mir vorbei in die entgegengesetzte Richtung gehen. Dann wiederhole ich den gleichen Ablauf auf der anderen Seite. Ich leite wieder eine Kehrtvolte ein, gehe ein,

Was tun, wenn?

- Vergrößert das Pferd zu abrupt den Zirkel, so hängt das oft damit zusammen, dass der Longenführer seine Körperposition zu abrupt wechselt.
- Verliert das Pferd beim Vergrößern den Takt und wird schnell und flach, so war entweder die Spannung beim Zirkel verkleinern zu groß oder das Pferd wurde beim Zirkel vergrößern zu wenig mit der Körpersprache unterstützt. Dies kann heißen, dass der Longenführer den Oberkörper zu weit nach vorne geneigt hat oder die Schulterposition zu parallel zum Pferd ist.

zwei Schritte rückwärts und lasse das Pferd wieder an mir vorbeigehen in die entgegengesetzte Richtung. So bewege ich mich langsam rückwärts und lasse dabei das Pferd vor mir hin und her gehen.

Jetzt läuft das Pferd an der Longenführerin vorbei …

GEDANKENSTÜTZE Wichtig bei dieser Übung ist, dass ich das Pferd wirklich von mir weggehen lasse. Ich stelle mir dabei vor, wie das Pferd viel Platz für seine Bewegung braucht, und freue mich darüber. In der Schlangenlinie bin ich der Punkt, auf den das Pferd stets aufs Neue zugeht und gleichzeitig auch wieder von ihm weg geht. Für mich ist es so, als ob ich das Pferd vor mir tanzen lasse. Wichtig ist auch zu wissen, dass genügend Zeit für das Wechseln der Gerte und Longe bleibt. Lasse ich nämlich das Pferd wirklich von mir weggehen, habe ich »alle Zeit der Welt«, um das nötige Handling auszuführen.

Die Schlangenlinie ist wie ein Wechsel eingeleitet worden

... die das Pferd anschließend von sich wegtreibt, schnell Gerte und Longe wechselt, die Hände kreuzt ...

... und das Pferd in den nächsten Bogen schickt

Was tun, wenn?

- Geht das Pferd zu wenig vom Longenführer weg in die jeweilige Richtung, so unterstütze ich das Pferd intensiver mit der Gerte in der Schenkellage und weise mit der longenführenden Hand gut in die Richtung, in die das Pferd gehen soll.
- Führt das Pferd den Wechsel zu abrupt aus, so gebe ich ihm mit der longenführenden Hand mehr nach, sodass es Platz und Raum hat, den Wechsel gut auszuführen und sich nicht am Kopf herumgezogen fühlt. Ich achte darauf, dass das Pferd mit genügend Energie in den Wechsel hineingeht, d. h. ich unterstütze mit der Gerte kurz vor dem Wechsel nochmals deutlich das innere Hinterbein.
- Wenn's nicht klappt: Zurück zu den Volten und Wechseln im Zirkel und nochmals aufbauen und dabei gut beobachten, wie das Pferd die Volte oder den Wechsel geht. Biegt sich das Pferd? Geht es regelmäßig durch den Wechsel? Wenn nicht, ist noch nicht die Zeit für Schlangenlinien, sondern die Arbeit an der Basis hat Vorrang.

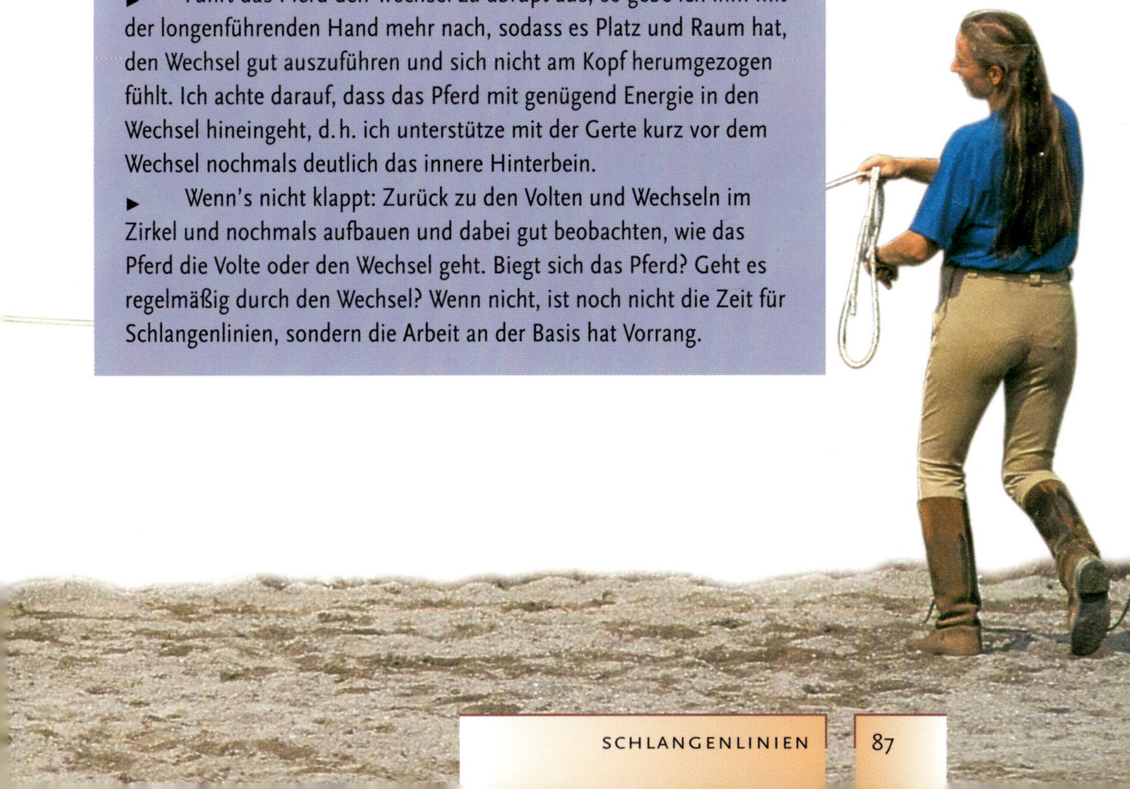

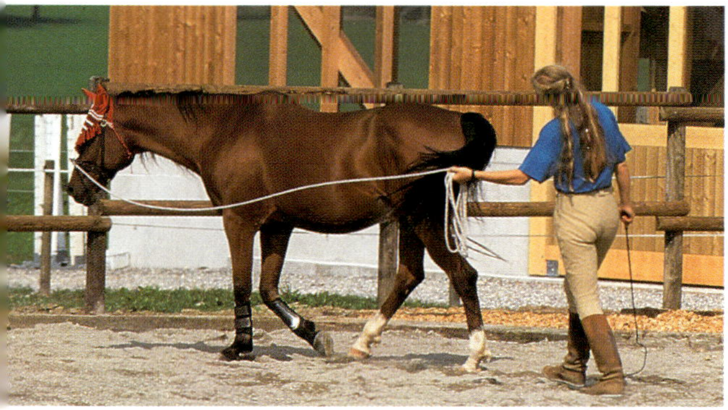

Das Pferd wird im Viereck longiert, wobei es zu einer kurzzeitig erhöhten Biegung in den Ecken aufgefordert wird

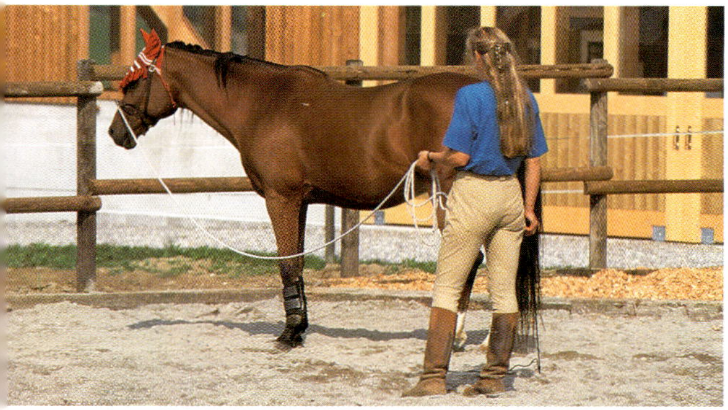

Anhalten nach einer Volte erhöht die Aufmerksamkeit des Pferdes und macht ihm die Hinterhand bewusster

Das Pferd zeigt entspannte Bewegungen bei einer gleichmäßigen Biegung auf der Zirkellinie

Übungen und deren Möglichkeiten

Es sind immer die Übungen angesagt, welche die Haltung, Lockerheit, Gelassenheit des Pferdes nicht beeinträchtigen bzw. das Pferd darin bestärken und fördern.

Im Kapitel »Longieren – aber richtig« (ab Seite 31) habe ich die drei Phasen des Longierens und deren Ziele aufgeführt. Nun gehören natürlich auch noch die entsprechenden Übungen dazu.

Erste Phase

Sie beinhaltet grundsätzlich große Figuren, Figuren, wo das Pferd sich so richtig bewegen kann und darf. Diese Phase kann jedoch auch je nach Situation die Führübungen wieder miteinbeziehen. Die Grundübungen aller Phasen entnehmen Sie dem Kasten.

Zweite Phase

In dieser Phase wird gezielt an Takt, Rhythmus und Biegung gearbeitet. Die Selbsthaltung des Pferdes wird gefördert und je nach Ausbildungsstand vermehrte Versammlung oder vorwärts-abwärts in der Körperhaltung des Pferdes angestrebt.

Es ist wichtig, dass der Ausbilder lernt, immer wieder auf neue Art auf sein Pferd zu reagieren, damit er nicht mit seinem Pferd ein ungewolltes Muster aufbaut.

Dritte Phase

Sie wirkt regulierend auf den Atem, das Pferd kann sich vermehrt strecken und wird auf die kommende Ruhephase vorbereitet.

Grundübungen

Grundübungen erste Phase

- **GROSSER ZIRKEL** Gleichmäßige Biegung bei gleichbleibendem Takt und Rhythmus.
- **VIERECK** Aufwärmphase, Aufbau von Schwung und Energie. Die Gerade wirkt entspannend, die Ecken aktivierend.
- **VIERECK MIT VOLTEN** Schwung und Energie verbunden mit Biegung. Gleich bleibender Takt und Rhythmus in der Biegung und auf der Geraden.

- **GERADEAUS** Kontrolle von Takt und Rhythmus, Aufbauen von Energie.
- **KEHRTVOLTE / AUS DER ECKE KEHRT** Kurzzeitig erhöhte Biegung.

Grundübungen zweite Phase

- **VOLTE (Z. B. AUF DER ZIRKELLINIE ODER NACH GERADEAUS, IM VIERECK)** Erhöhte Biegung und Aufmerksamkeit bei verstärktem Untertreten der Hinterhand.
- **WECHSEL IM ZIRKEL** Wechselseitige Biegung.
- **ZIRKEL VERKLEINERN UND VERGRÖSSERN** Stetig erhöhte Biegung bei gleichbleibendem Rhythmus und je nachdem, wie das Vergrößern ausgeführt wird.

Grundübungen dritte Phase

- **GROSSER ZIRKEL** Gleichmässige Biegung bei gleich bleibendem Takt und Rhythmus.
- **VIERECK** Aufwärmphase, Aufbau von Schwung und Energie. Die Gerade wirkt entspannend, die Ecken aktivierend.
- **VIERECK MIT VOLTEN** Schwung und Energie verbunden mit Biegung. Gleich bleibender Takt und Rhythmus in der Biegung und auf der Geraden.
- **GERADEAUS** Kontrolle von Takt und Rhythmus, Aufbauen von Energie.

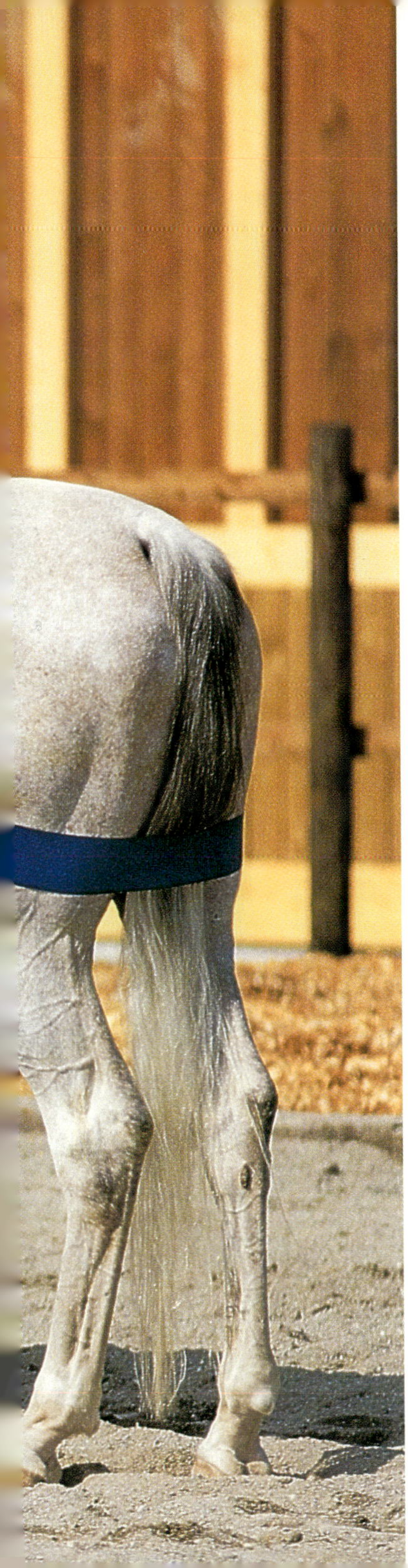

Longieren – gewusst wie

Ein Teil der Ideen zu diesen Tipps und Tricks sind der TT.E.A.M.-Arbeit entnommen. Im Laufe meiner TT.E.A.M.-Ausbildung habe ich erkannt, wie gut sich diese Arbeit in die tägliche Ausbildung der Pferde integrieren lässt, und erstaunliche Erfolge damit erzielt.

Große Erfolge haben wir auch mit der Clickermethode (anhalten, vorwärts-abwärts, Unsicherheit, etc.) erzielt. Da dies jedoch ein komplexes Thema ist, verweise ich auf das entsprechende Buch von Dr. Barbara Schöning (siehe »Zum Weiterlesen«, Seite 125). Ungemein wichtig ist, dass der Ausbilder lernt, immer wieder auf neue Art auf sein Pferd zu reagieren, damit er nicht mit ihm ein ungewolltes Muster aufbaut.

Seien sie kreativ und haben Sie Mut, aus unterschiedlichen Blickwinkeln an ein Pferd und dessen Herausforderungen heranzugehen. Damit werden sich auch mehrere Lösungsmöglichkeiten erschließen. Je mehr Sie das tun, desto größer wird Ihre eigene Bandbreite auf Pferde zu reagieren. Wenn Sie den Grundsatz pflegen, pferdegerecht und klar mit dem Pferd zu arbeiten, werden Sie auch Erfolg haben.

Tipps und Tricks für die tägliche Arbeit

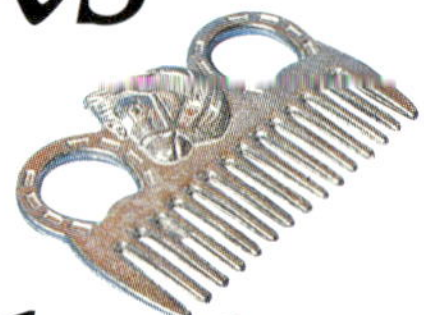

▸ Häufige Probleme

Angst vor der Longiergerte

Streichen Sie ihr Pferd mit einer ca. 120cm langen Gerte ruhig am Hals und an der Brust ab. Weicht das Pferd zurück, so bleiben Sie mit der Gerte ruhig am Pferd und streichen weiter ab. Versuchen Sie dabei das Pferd nicht festzuhalten, sondern gehen Sie einfach ganz ruhig mit dem Pferd mit und streichen Sie weiter ab. Das Fluchttier Pferd würde in Panik geraten, wenn Sie es in seiner Unsicherheit versuchen festzuhalten. Würden Sie jedoch andererseits aufhören, mit der Gerte abzustreichen, so lernt das Pferd auch, dass, wenn es zurück geht, die »ungeliebte« Gerte »verschwindet«. Sie würden demzufolge das Pferd darin bestärken, vor der Gerte zurückzuweichen.

Oft haben Pferde mehr Angst, wenn man sie weiter hinten am Körper abstreicht. Das kommt daher, dass gerade unsichere Pferde ein unbewussteres Körpergefühl haben. Hier kann auch eine Körperbandage gute Dienste tun. Wie man eine Körperbandage dem Pferd anlegt und wozu sie sonst noch gut ist, erfahren Sie ab Seite 98.

Ruhiges Abstreichen mit der Gerte hilft bei ängstlichen Pferden

Anhalten

Durch das Anhalten lernt das Pferd, seine Hinterhand bewusst unter den Körper zu setzen; es verdeutlicht ihm seine Hinterhand. Anhalten bzw. Stehenbleiben kann auch beruhigend auf ein Pferd wirken. Hält es nicht an, so gibt es verschiedene Möglichkeiten, ihm deutlich zu »sagen«, was wir wollen. Bei der Beschreibung der folgenden Situationen gehe ich davon aus, dass die Parade für den Halt eingeleitet wurde.

Zuerst kontrolliere ich meine Hilfengebung. Bleibt die longenführende Hand locker bei der Parade? Geht sie ganz leicht nach oben? Zeigt die Gerte zur Hinterhand? Geht die Parade von der Gerte wirklich zum Pferd? Ist meine Körpersprache deutlich? Benutze ich die Stimme für ein bestimmtes »Halt«? Bin ich davon überzeugt, dass mein Pferd anhält?

Bei der Parade zum Anhalten kann ich mit der Longe einen kleinen Aufwärtsschlenker ausführen. Dies hilft bei Pferden, die zwar das Tempo verlangsamen, dann jedoch wie auf Leim zäh weitergehen.

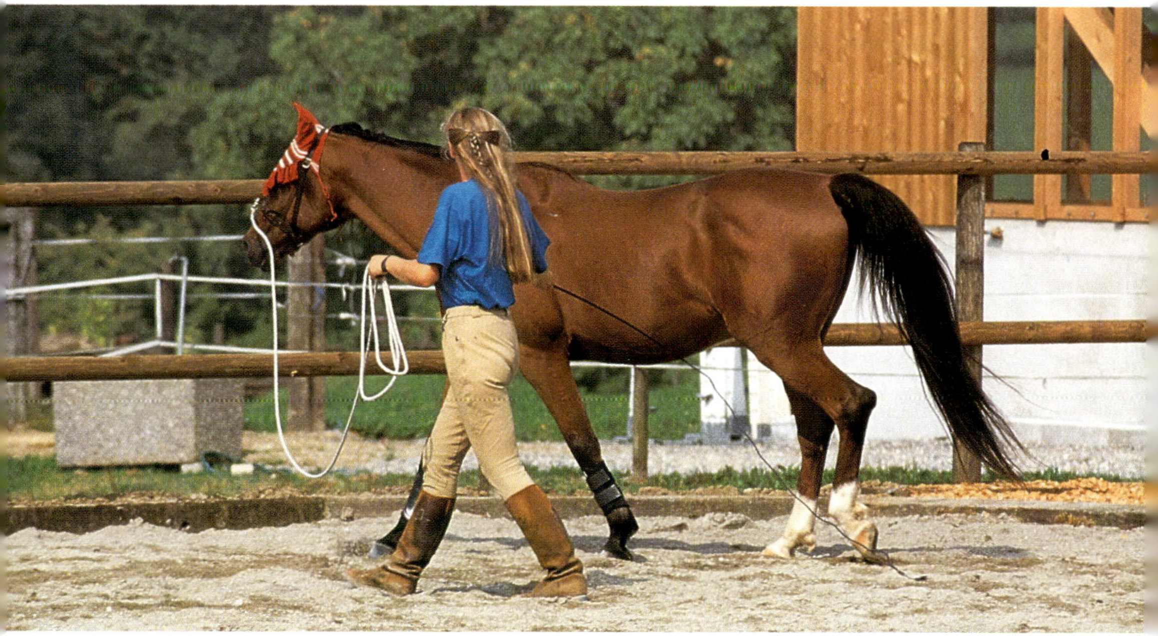

Hält das Pferd nicht an, so geht die Longenführerin in einem Kreisbogen auf die Pferdeschulter zu, bleibt deutlich stehen und beharrt auf das Stehkommando

Eine andere Möglichkeit besteht darin, dass ich die Parade zum Halt gebe und mich dann zielgerichtet in einem Bogen auf die Schulter zubewege. Ich gehe dabei wirklich wie in einem Bogen auf die Schulter zu und nicht schräg von hinten aus meiner treibenden Position heraus, weil ich sonst das Pferd nur vor mir hertreiben würde. An der Schulter angekommen, mache ich einen deutlichen Schritt, bevor ich stehen bleibe, und richte meinen Körper dabei groß auf.

Ein guter Trick ist auch, auf das Pferd zuzugehen und es zu streicheln oder ihm einen Belohnungswürfel zu geben, wenn es angehalten hat. Damit wird das Anhalten für diese Pferde möglichst attraktiv.

Dreht sich das Pferd beim Anhalten immer wieder zum Longenführer hin, so können Sie während der Parade zum Halt einen kleinen Schlenker mit der Longe machen oder auch einen Schritt auf die Pferdeschulter zugehen und so das Abdrehen des Pferdes bereits im Ansatz unterbinden.

Wird das Anhalten mit den beschriebenen Maßnahmen nicht besser, so nehme ich das Pferd auch einmal an die Doppel-

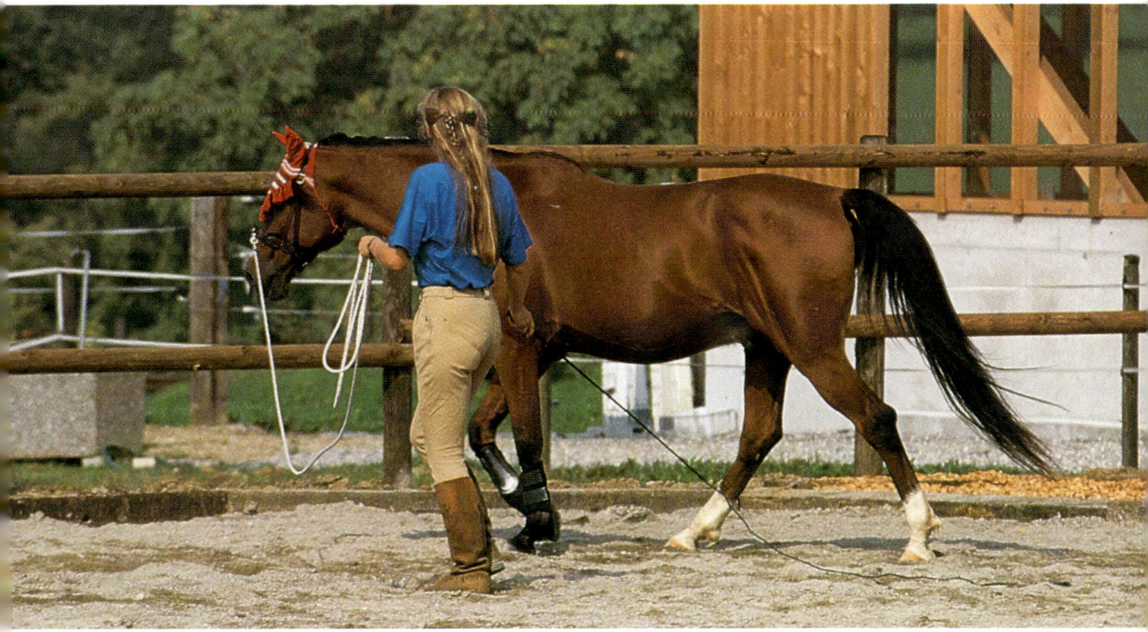

longe, weil ich dabei aus der Distanz mit Hilfe der Zügel das Anhalten üben kann. Wichtig ist, dass ich neben der Zuhilfenahme der Zügel die Gerten- und Stimmhilfe und die Körpersprache nicht vergesse, damit das Pferd die entsprechenden Hilfen mit dem Anhalten verbinden kann. Vor allem die Körpersprache ist dabei eine große Hilfe, weil es dem Verständigungsmuster der Pferde entspricht.

Grundsätzlich versuche ich die gleiche Hilfengebung nicht x-mal, sondern wechsle sehr schnell die Taktik, damit ich mit meinem Pferd nicht ein ungewolltes Muster aufbaue.

Manchmal sieht man auch, dass Pferde zum Anhalten gegen eine Wand oder einen Zaun longiert werden. Diese Methode kann zwar ein heftiges Pferd in dem Moment stoppen, doch der Lerneffekt lässt dabei zu wünschen übrig. Drastische Maßnahmen sollten sowieso nur ausnahmsweise durchgeführt werden, damit nicht der gegenteilige Effekt erzielt wird, nämlich dass das Pferd nicht mehr anders anzuhalten ist. Nach so einer Maßnahme wird das Pferd wieder über Führübungen und ruhige Schrittarbeit an die höheren Gangarten herangeführt.

Ausbrechen, davonstürmen

Es gibt viele Gründe, weshalb Pferde ausbrechen oder auf einmal davonstürmen. Oft ist Unsicherheit ein wichtiger Faktor für dieses Verhalten. Der seriöse Aufbau der Führpositionen ist dabei ganz wichtig. Je nach Pferd bleibe ich beim Longieren eher näher am Pferd und gehe selbst einen größeren Weg, um ihm so die Sicherheit der Nähe zu geben.

Es gibt auch Pferde, die sich zwar im Roundpen longieren lassen, sobald sie jedoch keine Abgrenzung mehr haben, brechen sie nach außen weg. Oder Pferde, die gelernt haben, dass sie sich so entziehen können. Eine Abgrenzung in Form von Cavaletti oder Stangen auf Ständern oder gespannten Bändern zwischen den Ständern kann helfen.

Oft ist es auch so, wenn man die Pferde ein-, zweimal aufhalten und anhalten kann, bevor sie ausbrechen können, dass sie dieses Verhalten wieder ablegen. Damit mir das gelingt, arbeite ich auch einmal mit einer Führkette über die Nase, die ich zusätzlich noch durch den unteren, mittleren Ring des Halfters ziehe, bevor ich die Longierleine daran befestige. Über die Kette kann ich die Anfangsbewegung des Davonstürmens besser stoppen.

Anlegen der Führkette: Die Führkette wird seitlich durch den Halfterring gezogen, einmal um den Nasenriemen, auf der anderen Seite durch den Halfterring und schließlich am oberen Ring eingehakt

Die Arbeit an der Doppellonge kann ebenfalls dazu genutzt werden, dieses Verhalten erfolgreich zu unterbinden. Gelingt es dem Pferd davonzustürmen, so versuche ich nicht mehr, das Pferd aufzuhalten, sondern renne mit ihm in treibender Position bleibend mit (vorausgesetzt, der Longierplatz ist eingezäunt!). Dadurch zeige ich dem Pferd, dass es mich nicht aus meiner Position bringen kann (denn das versucht es u. a. mit dem Davonstürmen oder Ausbrechen).

Das Zaubermittel für den Longenführer ist sicher, dass er lernt, die Anfangsbewegung zum Davonstürmen zu erkennen und schon im Ansatz zu stoppen. Denn ist das Pferd mal in Schwung, so steht unser Körpergewicht geradezu in einem lächerlichen Verhältnis zu dem des Pferdes – lässt man es zu einem Messen der Kräfte kommen, zieht der Mensch dabei grundsätzlich den Kürzeren.

Jedem Davonstürmen oder Ausreißen des Pferdes geht ein Verhalten voraus, das anzeigt, dass jetzt dann gleich etwas geschieht. Es gibt Pferde, die nehmen den Kopf tief als ob sie in die Dehnungshaltung gehen möchten, doch der Hals ist nicht entspannt dabei. Andere machen zwei, drei schnellere Tritte, so als ob sie testen wollen, ob seitens des Longenführers eine Reaktion darauf kommt. Den Kopf (ruckartig) hochnehmen kann ebenfalls auf Davonstürmen schließen lassen.

Zeigt ein Pferd ein solches oder ähnliches Verhalten, so kann der Longenführer durch ein scharfes »He«, einen kleinen Schlenker an der Longe, eine halbe oder ganze Parade einen Unterbrecher setzen. Häufig sind die Pferde dann so überrascht, dass sie ihr Verhalten vergessen und wieder mehr auf den Longenführer achten.

Korrekt verschnallte Führkette

Die Körperbandage

Die Körperbandage kann sowohl bei ängstlichen und unsicheren Pferden eingesetzt werden als auch bei Pferden, denen man ein neues Gefühl für die Hinterhand vermitteln will; was natürlich auch ein verbessertes Untertreten zur Folge hat.

Die Körperbandagen vermitteln dem Pferd ein Gefühl für den ganzen Körper. Sie verbinden die Vorhand mit der Rückhand und geben dem Pferd auch ein Gefühl der »Geborgenheit«, um es mit menschlichen Worten auszudrücken. Ich habe Pferde erlebt, die total hektisch an der Longe waren und nach dem Anlegen der Bandage vorwärts-abwärts im ruhigen Schritt an der Longe gingen. Oder Pferde, die, nachdem sie vorher im Rücken kaum loslassen konnten, anfingen mit dem Rücken zu schwingen.

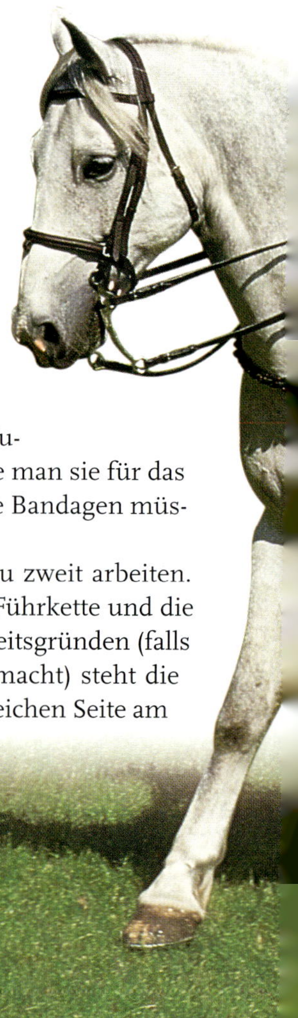

Körperbandagen sind Hilfsmittel. Das heißt, dass sie nur über einen beschränkten Zeitraum eingesetzt werden. Das Pferd soll eine neue Körperhaltung lernen und die Hilfsmittel dienen dazu, dem Pferd etwas verständlich zu machen. Danach soll das Pferd in der Lage sein, ohne Hilfsmittel die gleiche oder annährend die gleiche Körperhaltung einzunehmen. Als Körperbandage nehmen wir zwei elastische Binden aus dem Humanbereich oder zwei elastische Bandagen, wie man sie für das Einbandagieren von Pferdebeinen benötigt. Die Bandagen müssen jeweils (ausgezogen) ca. 5m lang sein.

Beim Anlegen der Bandage sollte man zu zweit arbeiten. Eine Person hält das Pferd am Strick oder der Führkette und die zweite Person legt die Bandage an. Aus Sicherheitsgründen (falls das Pferd einmal einen Sprung auf die Seite macht) steht die Person, welche das Pferd hält, immer auf der gleichen Seite am Pferd, auf der die zweite Person arbeitet.

Beim Anlegen der Bandage gilt es ein paar Sicherheitsregeln zu beachten. Zuerst zeige ich dem Pferd die Bandage und streiche es damit ab. Dann lege ich die erste Bandage locker um den Hals und knüpfe sie mit eine Sicherheitsknoten fest. Die Bandage sollte so anliegen, dass wenn ich sie ziehe, sie knapp beim Widerrist zu liegen kommt. Dann gehe ich um das Pferd herum und knüpfe die zweite Bandage in die erste, und zwar ungefähr in der Mitte der Schulter des Pferdes. Nun lege ich den Rest der Bandage auf den Rücken und gehe auf die andere Seite am Pferd. Ich greife die Bandage auf dem Rücken und gleite mit der Bandage in der Hand über die Kruppe.

Die Körperbandage kann auch beim Reiten zur Verbesserung des Körperbewusstseins beim Pferd eingesetzt werden

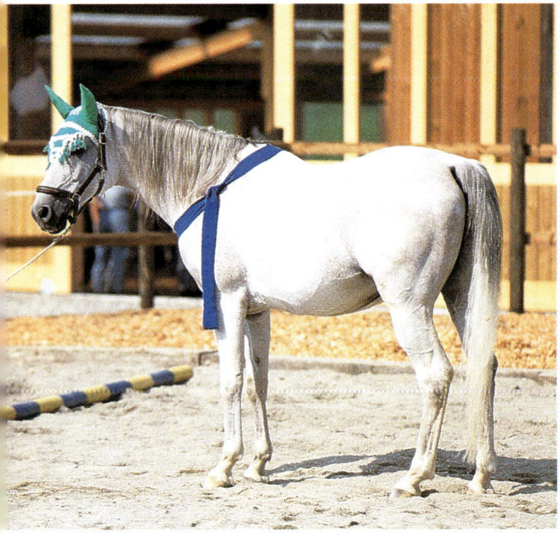

Die erste Bandage wird um den Hals gelegt

Die zweite Bandage wird in der Mitte der Schulter auf der äußeren Seite mit einem Sicherheitsknoten befestigt

In die zweite Hand nehme ich das Ende der ersten Bandage und nun wird das Pferd vorsichtig einen Schritt geführt, wieder angehalten und gelobt. Dann zwei, drei Schritte geführt und wieder angehalten. Zeigt das Pferd keine Angst bzw. Unsicherheit mehr, so verknüpfe ich die Bandagen miteinander. Die Bandage um die Hinterhand soll dabei oberhalb der Sprunggelenke zu liegen kommen. Auf keinen Fall darf die Bandage gleich zu Beginn verknüpft werden. Zeigt ein Pferd Panik, so kann die Bandage jederzeit losgelassen werden! Ich habe einige Male erlebt, dass Pferdebesitzer mir z. B. gesagt haben, dass ihr Pferd gefahren sei und es kein Problem wäre, die Bandage oder auch das Körperseil anzulegen. Weit gefehlt. Es gibt keine Garantie, dass das Pferd auf diese für es neue Situation nicht auch reagiert.

Der Schweif bleibt, solange die Bandage noch nicht zugebunden ist, unter der Bandage liegen. Erst nach dem Zubinden wird er vorsichtig über die Bandage gelegt. Weshalb? Macht das Pferd zum Beispiel einen Satz nach vorne oder zur Seite besteht die Wahrscheinlichkeit, dass die Bandage durch das Festhalten unter die Schweifrübe rutschen kann. Viele Pferde würden sich dann noch mehr erschrecken.

Die Bandagen werden erst dann miteinander verknüpft, wenn das Pferd diese toleriert

Die Körperbandage steigert das Körpergefühl und verhilft unsicheren Pferde zu mehr Selbstsicherheit

Gerade unsichere und ängstliche Pferde lassen sich am Anfang nicht gerne an der Hinterhand berühren oder haben auch Angst vor Geräuschen, die von hinten kommen. Für solche Pferde ist die Arbeit mit der Körperbandage genial. Sie macht ihnen gerade diese Körperpartie bewusster. Es gibt Pferde, die die ersten Sekunden mit einer Körperbandage unsicherer oder schneller vorwärts gehen. Das legt sich jedoch ganz schnell und macht einem ruhigeren und bewussteren Verhalten Platz.

Pferde, die häufig stolpern und bei denen auch durch Stangenarbeit wenig Erfolg zu erzielen ist, haben oft das Problem, dass sie sich ihrer Hinterhand nicht bewusst sind. Die Vorhand lässt sich prima lenken, doch sobald die Hinterbeine einzeln bewegt werden sollen, gibt es Schwierigkeiten, weil dem Pferd das Verständnis für die geforderte Aufgabe fehlt. Hier wird ebenfalls wie beschrieben das Pferd zuerst an die Körperbandage gewöhnt. Danach kann man schon schnell die ersten Erfolge erkennen. Das Pferd ist nun durch die Bandage »eingerahmt«, weiß also, wo sein eigener Körper anfängt und aufhört. Es kann seine Beine bewusster setzen und wird – unterstützt durch Longieren über Stangen – bald viel weniger ins Stolpern geraten.

Aktivieren der Hinterhand

Neben der Körperbandage helfen auch Übergänge dem Pferd die Hinterhand zu aktivieren. Wirkungsvoll hierbei sind auch Übergänge nach Volten, weil das Pferd in der Volte bereits vermehrt untertritt und durch die Parade in den Halt oder den Gangartenwechsel die Hinterhand noch bewusster wahrnimmt. Wichtig dabei ist auch die eigene Körperhaltung. Sie soll aufgerichtet und groß wahrgenommen werden. Übrigens kann auch nur eine Körperbandage oder Körperseil an einem Longiergurt angebracht werden. Oft empfiehlt es sich jedoch auch, die Bandage oder das Seil zusätzlich um die Brust zu befestigen, weil das Pferd damit eine bessere Stabilität erhält.

Körperseil

Das Körperseil eignet sich für eher träge Pferde. Wir nehmen ein ca. 7m langes, ca. 10mm dickes Seil. Diese Art Seile kann man gut im Baumarkt kaufen.

Beim Anlegen des Körperseils ist es wichtig, dass man am Anfang zu zweit arbeitet. Beide Personen stehen auf der gleichen Seite. Ich stehe seitlich am Pferd

Das Körperseil fordert das Pferd zum vermehrten Untertreten auf

auf Schulterhöhe und lege das Seil so um den Hals, dass der eine Teil ca. 2/5 lang ist und der andere 3/5. Nun verdrehe ich die das Seil beim Widerrist auf einer Länge von ca. 20 cm miteinander. Dann teile ich die Seile wieder und führe das längere Ende um die Hinterhand des Pferdes. Dabei gleitet die Hand, welche das Seil hält, langsam über die Kruppe des Pferdes. Die andere Hand hält das kürzere Seil. Nun wird das Pferd wie bei der Körperbandage zuerst einen Schritt geführt, ohne das Seil zu verknoten, dann zwei, drei Schritte. Zeigt das Pferd keine Unsicherheit, werden die Enden verknotet. Das Seil kommt dann ca. zwei Handbreit über dem Sprunggelenk zu liegen.

Das Seil wird am Widerrist ca. 20 cm lang gedreht

Das Seil kann zusätzlich auch durch die Ringe am Longiergurt geführt werden

Zu viel Energie

Folgende Übungen können helfen, die überschüssige Energie des Pferdes in schöne Bewegungen »umzuwandeln«.

Kurze Stehphasen können eine Situation beruhigen. Ruhige Übergänge in den Schritt, verbunden mit Volten und evtl. gefolgt von einer kurzen Stehphase, beruhigen. Halbe Paraden, ausgeführt durch die Gerte. Der Longenführer atmet deutlich aus und achtet auf ruhige, jedoch bestimmte Kör-

Durch das Hinterhandseil wird die Hinterhand aktiver und die Longenführerin kann die treibenden Hilfen reduzieren

perbewegungen. Die Stimme kann beruhigend auf das Pferd wirken (Aber aufgepasst: Nicht ständig auf das Pferd einreden!). Stellen Sie sich klar vor, welche Bewegungen sie gern von Ihrem Pferd hätten!

Beruhigt sich das Pferd gar nicht, so kann das Longieren nochmals über die Führpositionen aufgebaut werden. Ganz schwierige Pferde, und damit meine ich Pferde, die wirklich nur an der Longe losrennen und sich überhaupt nicht stoppen lassen, korrigiere ich z. B. über die Doppellonge oder mit der Clickermethode.

Trabt immer wieder an

Es gibt Pferde, die immer wieder an der Longe ohne Kommando antraben und dann mit einer stoischen Ruhe einfach weitertraben, jedes Kommando ignorierend. Hier überprüfe ich zuerst meine Hilfengebung und achte darauf, dass gerade die Gertenführung deutlich und beharrlich ist. Dazu kommt ein lang gezogenes stimmliches Kommando zur jeweiligen Gangart. Manchmal gehe oder laufe ich in einem Kreisbogen energisch auf die Schulter des Pferdes zu. Oft guckt mich dann das Pferd völlig verdutzt an und geht in den Schritt über. Auch ein kleiner Schlenker an der Longe kann das Pferd aus seiner Trabtrance herausbringen. Zeigt das Pferd keine großen Fortschritte, so kann in dieser Situation auch gut mit dem Clicker oder der Doppellonge gearbeitet werden.

Das Longieren über die Geraden setzt Energie frei

Zu wenig Energie

Kurze Übergänge vom Trab in den Schritt (d. h. nur zwei, drei Tritte im Schritt und dann gleich wieder antraben) sowie das Longieren über eine Gerade oder ein Viereck helfen Energie aufbauen. Auf der Geraden laufe ich auch schon mal mit dem Pferd mit bzw. stelle mir vor, das Pferd so richtig von hinten an der Kruppe einen Schubs zu geben. Achten Sie darauf, dass Sie vor lauter Eifer nicht plötzlich vor das Pferd kommen! Dann würde es nämlich abbremsen oder sich gar drehen. Bleiben Sie in ihrer treibenden Position. Gerade bei Pferden mit wenig Energie oder manchmal kann man auch sagen, mit wenig Lust an der Longe vorwärts zu gehen, ist es wichtig, das Maß der Hilfengebung zu kontrollieren. Jede Hilfengebung muss eine Reaktion beim Pferd zur Folge haben! Lieber einmal deutlich als hundertmal zögerlich treiben.

Die Erfahrung hat gezeigt, dass es gerade bei solchen Pferden wichtig ist, gleich von Anfang an das gewünschte Tempo zu verlangen. D. h. bestimmt vorwärts auf der Geraden zu longieren, das Tempo nicht verlangsamen zu lassen, sondern schon den kleinsten Ansatz zum Langsamwerden zu korrigieren. Lernen Sie übrigens das Pferd frühzeitig zu korrigieren, so fällt die Korrektur nicht zu groß aus, was bedeutet, dass, um den vorherigen Status wieder zu erreichen, eine kleinere Hilfengebung nötig ist. Je subtiler ich meine Hilfengebung gestalten kann, desto feiner wird mein Pferd auf die Hilfen reagieren.

Die halbe Parade wird durch Körpersprache und Gertenführung eingeleitet

Hinterhand und Vorhand

Wie sich ein Pferd trägt, hängt nicht ausschließlich davon ab, wie es tritt. Ein Pferd kann zwei, drei Hufe übertreten und trotzdem auf der Vorhand gehen. Das Übertreten ist oft von der Winkelung der Hinterhand und der Rückenlänge abhängig. Sicher fällt es einem Quadratpferd oft leichter als einem Rechteckpferd, sich auf der Hinterhand zu tragen, doch sind Pferde immer wieder aufs Neue zu beobachten, weil sich das Gleichgewicht je nach Situation und Übung einfach ganz schnell verändern kann.

Halbe Paraden

Der Longenführer beginnt die halbe Parade so, als ob er mit dem Körper und der Gerte das Kommando zum Anhalten geben möchte, löst jedoch frühzeitig wieder die Körperspannung und nimmt mit der Gerte wieder die Bewegung des inneren Hinterbeines auf. Halbe Paraden wirken beruhigend, versammelnd und verlangsamend.

Herausforderung Galopp

Stellen Sie sicher, dass Ihr Pferd über genügend Energie für diese Gangart verfügt. Figuren und Übungen, die dem Pferd dazu

Pferd und Ausbilder brauchen für den Galopp genügend Energie

verhelfen, sind: kurze Übergänge Trab – Schritt – Trab, Zirkel verkleinern/vergrößern unter Beibehaltung der Energie. Fällt dem Pferd das Angaloppieren noch schwer, so lassen Sie es aus dem Zirkel heraus auf eine Gerade anspringen und stellen Sie sicher, dass die longenführende Hand deutlich in die Bewegungsrichtung zeigt. Körperbandagen oder auch das Körperseil können dem Pferd helfen, die Hinterhand besser zu koordinieren und das Gleichgewicht stabiler zu halten.

Scheuen

Scheut ein Pferd immer wieder an der gleichen Stelle, so kann dort eine Volte longiert werden. Der Aufbau über die zweite und dritte Führposition kann ebenfalls von Nutzen sein. Körperbandagen verhelfen dem Pferd zu mehr Sicherheit. Anhalten kann Ruhe in die Situation bringen und lässt einen neuen Aufbau zu.

Unsicherheit und Nervosität

Nochmaliger Aufbau über die Führpositionen kann Unsicherheit abbauen. Probieren Sie aus, wie Ihr Pferd darauf reagiert, wenn Sie bei gleich bleibender Zirkelgröße näher am Pferd gehen. Körperbandagen können auch hier helfen.

Vorwärts-abwärts

Zirkel verkleinern/vergrößern kann dem Pferd über die deutlich höhere Spannung beim Zirkel verkleinern helfen, danach beim entspannten Zirkel vergrößern in die Dehnungshaltung zu finden. Auch bei Pferden mit viel Spannung kann diese Übung helfen. Dies ist ein Feldenkraisprinzip: Über den Aufbau einer erhöhten Spannung bei der Entspannung zu bemerken, dass Spannung überhaupt da war.

Körperbandage oder Körperseil können dem Pferd ebenfalls über die Stabilität an der Brust helfen, in die Dehnungshaltung zu finden bzw. zu wagen sich zu strecken.

Manchmal longieren wir das Pferd auch mit einer schweren Trense, Kandare oder dem Roller-Bit. Durch das Gewicht des Gebisses und die Kautätigkeit kann das Pferd die Spannung in Hals und Rücken loslassen.

Das Longieren über Stangen oder Hindernisse kann der Vorwärts-abwärts-Haltung des Pferdes ebenfalls förderlich sein.

Vorwärtsstürmen

Das Vorwärtstürmen kann daher kommen, dass das Pferd zu früh und mit zu wenig Vorbereitung longiert worden ist oder unsicher ist. Es gibt auch Pferde, die schlichtweg austesten, wo den die Lücken im »Netz« sind.

Zirkel verkleinern/vergrößern hilft dem Pferd in die Dehnungshaltung zu kommen

Bei Unsicherheit kann der Aufbau über die zweite und dritte Führposition helfen. Ebenso das Longieren mit wenig Distanz zum Pferd, jedoch auf einem großen Zirkel, um nicht noch mehr Spannung aufzubauen. Auch das Anlegen einer Körperbandage kann helfen.

Eine rechtzeitige halbe Parade oder ein Schlenker an der Longe kann das Vorwärtsstürmen bereits im Ansatz unterbinden. Hat es das Pferd doch geschafft, so bleiben Sie aktiv in Ihrer treibenden Position. Viele Leute werden in einer solchen Situation passiv. Tun Sie so, als ob Sie immer noch »das Sagen« haben. Will das Pferd selbst durchparieren, so können Sie es aktiv in der langsameren Gangart unterstützen oder es nochmals in die schnellere Gangart bringen.

Als letzte Möglichkeit können Sie das Pferd auch mal gegen einen Zaun longieren und dann freundlich jedoch bestimmt wieder auf die Zirkellinie weiterlongieren.

Überprüfen Sie Ihre Körperhaltung. Sind Ihre Schultern in der richtigen Position oder »drücken« sie gegen das Pferd? Halten Sie vielleicht Ihre Gerte zu hoch oder haben Sie im Körper, in den Armen eine zu starke Spannung? Atmen Sie ganz bewusst aus! Zeigt das Pferd selbst nach diesen Maßnahmen keine deutliche Verbesserung des Verhaltens, so kann die Korrektur auch über die Doppellonge erfolgen.

Eine rechtzeitige halbe Parade kann ein Losstürmen des Pferdes verhindern

Der Fächer fördert gleichmäßige Trabtritte

Wenn der Wechsel nicht klappt

Die richtige Vorbereitung für den Wechsel ist wichtig. Hat Ihr Pferd genügend Schwung und Biegung für den Wechsel? Haben Sie den Wechsel deutlich eingeleitet? Denken Sie daran, dass Sie auch nach dem Kreuzen der Hände den Abstand zum Pferd beibehalten, bis Sie das deutliche Signal, verbunden mit dem nochmaligen Antreiben der Hinterhand und einer stärker biegenden Position, den Wechsel einleiten.

Haben Sie Ihrem Pferd genügend Raum für den Wechsel gegeben?

Hat Ihre longenführende Hand beim Einleiten des Wechsels nochmals nachgegeben, so dass das Pferd ungestört in den Wechsel gehen konnte oder haben Sie das Pferd durch Ziehen an der Longe aus dem Gleichgewicht gebracht?

Wechsel können Sie über die Arbeit auf dem Zirkel und Volten vorbereiten.

Loben Sie ihr Pferd bereits beim Ansatz zu einem Wechsel. Hat ein Pferd gelernt, dass es nicht gegen die Mitte gehen darf, so wird es zuerst zögern, den Wechsel auszuführen.

Muntern Sie Ihr Pferd mit der Stimme und deutlicher Körpersprache auf, den Wechsel weiterzuführen.

Beim Trabwechsel können Sie selbst mit kleinen Schritten rückwärts traben und so dem Pferd die gewünschte Bewegung deutlich machen, verbunden mit einer aufmunternden Stimmhilfe.

Bleibt der Wechsel immer noch schwierig, so kann bei einem gerittenen Pferd auch mal ein Reiter helfen, dem Pferd zu verdeutlichen, was von ihm gewünscht wird. Auch über den Wechsel an der Doppellonge kann einem Pferd geholfen werden.

Wenn's mit dem Schwung nicht klappt

Übergänge, Longieren auf Geraden aber auch die Arbeit über Stangen können dem Pferd zu mehr Schwung verhelfen. Überhaupt hilft Abwechslung. Legen Sie ruhig auch mal Bretter oder Plastikplanen auf den Boden oder longieren Sie zwischen Pilonen. Das steigert die Aufmerksamkeit von Pferd und Longenführer und motiviert.

Seitwärtstreten an der Hand als lösende Übung und als Abwechslung

Zirkelmittelpunkt

Falls Sie feststellen, dass Sie immer wieder den Zirkelmittelpunkt verlieren oder mehr eierförmig als rund longieren, so markieren Sie den Zirkelmittelpunkt z. B. mit einem Handschuh.

Treibende Position

Akzeptiert das Pferd Ihre treibende Position nicht oder nur ungenügend, so kontrollieren Sie ihre eigene Position! Geben Sie mit der Hand genügend Raum. Stehen Sie deutlich auf Kruppenhöhe oder sogar noch weiter hinten.

Akzeptiert das Pferd trotz korrekter Körperhaltung und –position immer noch nicht die treibende Position, so kann das Pferd auch frei longiert werden. Haben Sie keinen Round Pen zur Verfügung, sondern nur ein Viereck, so empfiehlt es sich, mit zwei bis vier Personen zu arbeiten. Dadurch kehrt in der Hilfengebung bzw. dem Vorwärtstreiben eine gewisse Ruhe ein, weil jede der Personen einen gewissen Abschnitt übernimmt. Das Pferd fühlt sich somit auch weniger gestresst.

Mein Pferd biegt sich nicht

Wenn sich Pferde schlecht biegen lassen, gilt es zu überlegen, wie wir die Hilfen variieren können, um dem Pferd besser verständlich machen zu können, was genau wir von ihm möchten. Die Gertenhilfe in der Schenkellage und eine manchmal übertrieben deutliche Körpersprache können dem Pferd helfen zu verstehen, welche Reaktion wir uns von ihm wünschen.

Manchmal lasse ich auch zwischen dem Longieren das Pferd seitlich übertreten. Das seitliche Übertreten verdeutlicht dem Pferd die Biegung und veranlasst die Hinterhand zur vermehrten Gewichtsaufnahme. Das innere Hinterbein soll dabei unter den Schwerpunkt des Pferdes (Bauchmitte nach vorne) treten und stets die Idee einer Vorwärtsbewegung beinhalten. Die Gerte wird dabei parallel zum Boden etwa auf Bauchmitte geführt. Sie kann treibend in der Schenkellage oder vermehrt an der Hinterhand, zur Aktivierung dieser und zum vermehrten Untertreten eingesetzt werden. Die Hand, welche die Longe hält, darf das Pferd nicht nach innen ziehen. Der Hals des Pferdes ist nur leicht gebogen. Zieht die Hand den Hals zu weit nach innen, so fällt das Pferd über die Schulter nach außen weg.

Um das Pferd mit den Stangen vertraut zu machen, kann es am Anfang auch neben den Stangen longiert werden. Die Körperbandagen verhelfen zu einem besseren Körpergefühl

▸ Abwechslung in der Longenarbeit

Das Longieren sehr abwechslungsreich sein kann, haben Sie bereits in den vorherigen Kapiteln erfahren. Neben den Übungen und Figuren können Pferde auch über verschiedene Hindernisse longiert werden.

▸ Longieren über Stangen: Legen Sie fünf 4-m-Stangen fächerförmig auf den Boden, sodass sie auf der engen Seite ca. 70 cm Abstand voneinander haben und im oberen Drittel zwischen 120cm–150cm, je nach Pferdegröße. Die Stangen werden zuerst im Schritt (Aufbau von Vertrauen) dann im Trab longiert. Der Fächer eignet sich sehr gut zum Longieren, weil er für die Schritt- und Trabarbeit unterschiedliche Distanzen hat. Finden Sie zu Beginn heraus, welche Distanz zwischen den Stangen für das Pferd am angenehmsten ist. Hat es Sicherheit in der Stangenarbeit erlangt, so kann auch versucht werden, das Pferd über einen engeren Stangenabstand zu longieren. Dies hat eine höhere Trabbewegung, sprich Beinaktion, zur Folge. Ein größerer Stangenabstand veranlasst das Pferd dazu, sich vermehrt zu strecken. Jedoch aufgepasst: Seine Haltung darf sich über den Stangen oder durch die Stangenarbeit nicht verschlechtern!

Die Stangenarbeit fördert die Dehnungshaltung beim Pferd

Die Stangenarbeit gehört in die zweite Phase der Longenarbeit. Das Longieren über fünf Stangen hat sich bewährt und gibt dem Pferd einen guten Rhythmus. Führen Sie das Pferd präzise an die Stangen heran und lassen Sie es drei-, viermal über die Stangen treten. Longieren Sie normal weiter und gehen Sie dann wieder zurück zu den Stangen. Machen Sie ihr Pferd nicht zu müde durch zu häufiges Longieren über die Stangen.

Hat das Pferd die Tendenz, immer wieder nach außen zu ziehen, so können Sie die Außenseite des Fächers mit Ständern und Stangen bzw. Bändern begrenzen.

Durch die Arbeit über die Stangen lernt das Pferd einen gleichmäßigen Tretrhythmus bei sanfter Biegung. Die Hinterhand und die Rückentätigkeit werden aktiviert.

Stangen können auch gerade als so genanntes Piano hingelegt werden. Hier beträgt der Abstand ebenfalls je nach Pferd zwischen 120–150cm. Am Anfang kann es für das Pferd sogar einfacher sein, über gerade hingelegte Stangen zu traben. Auch viele Longenführer tun sich dabei leichter, weil der Abstand überall gleich ist.

Wenn Sie für die Stangenarbeit Cavalettis verwenden, so hat das den Vorteil, dass diese nicht wegrollen können. Longieren Sie nicht über ganz aufgestellte Cavaletti. Muss das Pferd die Beine zu hoch heben, hat das eher eine negative Auswirkung auf den Rücken, d. h. das Pferd macht den Rücken fest statt ihn loszulassen.

▶ Fortgeschrittene Pferde können auch über eine so genannte Treppe longiert werden. Dafür benötigen Sie drei Cavaletti, die fächerförmig hingelegt werden. Das erste Cavaletto liegt flach auf dem Boden, das zweite halb aufgestellt und das dritte ganz aufgestellt. Nun longieren Sie zuerst im Schritt über die drei Cavaletti dann im Trab. Das ist eine hervorragende Übung für die Rückentätigkeit des Pferdes, jedoch aufgepasst: Sie müssen das Pferd präzise im für das Pferd passenden Cavalettiabstand über das Hindernis longieren. Ansonsten fängt das Pferd an, dieses Hindernis zu springen. Longieren Sie immer von unten nach oben; nie von oben nach unten. Das würde das Pferd nur auf die Vorhand bringen. Das Longieren über die Treppe ist in unseren Kursen immer das Highlight. Ein schönes Bild, dem Pferd zuzuschauen, wie es über dem Hindernis den Rücken kontinuierlich aufwölbt!

Zur Abwechslung freies Longieren um Tonnen

▶ Durch das Longieren über Plastikplanen, Bretter und Reifen oder durch Flatterbänder werden Vertrauen und Selbstsicherheit beim Pferd gefestigt. Für das Fluchttier Pferd ist es nicht selbstverständlich, in einem gewissen Abstand zum Führer über solche Hindernisse zu gehen oder gar auf diesen Hindernissen eine Zeit lang stehen zu bleiben.

▶ Zwischen Tonnen oder Pilonen longieren und zum Beispiel auch einmal das Pferd im weiteren Abstand zum Führer stehen lassen fördert das Vertrauen und Körpergefühl des Pferdes.

Das Pferd geht in einem kraftvollen Trab mit seitlichen Ausbindern

▸ Einsatz von Hilfszügeln

Grundsätzlich soll das Pferd an der Longe lernen, in einer schönen Selbsthaltung zu gehen. Für die einen ist dieses Ziel einfach zu erreichen. Andere Pferde haben damit aufgrund von körperlichen Voraussetzungen oder auch gelerntem Verhalten Mühe. Hier ist der kurzzeitige Einsatz von Hilfszügeln oft sinnvoll. Doch aufgepasst, das Wort Hilfszügel sagt es schon: Es sind Hilfsmittel. Was nichts anderes bedeutet, als dass sie nur über eine bestimmte Zeit zum Erreichen eines Zieles eingesetzt werden, um dann wieder weggelassen zu werden. Über die Arbeit mit Hilfszügeln soll das Pferd eine andere, verbesserte Körperhaltung lernen, und die Hilfsmittel dienen dazu, ihm etwas verständlich zu machen. Danach soll es in der Lage sein, ohne Hilfsmittel die gleiche oder annähernd ähnliche Körperhaltung einzunehmen.

Gerne benutze ich auch Hilfszügel in der zweiten Phase bei einem jungen Pferd. Nachdem es gelernt hat, sich selbst zu tragen, führe ich es über Hilfszügel an eine sanfte Anlehnung an der Trense heran, um es ohne Reitergewicht an die Reithaltung zu gewöhnen. Doch auch bei den Hilfszügeln gilt der Grundsatz, dass das Pferd zuerst die Vorwärts-abwärts-Haltung lernen muss.

Wenn Sie Hilfszügel einsetzen, so beobachten Sie das gesamte Pferd! Tritt das Pferd noch genauso gut unter? Verliert es an Schwung bzw. müssen Sie stärker treiben? Was wurde besser? Was hat sich verschlechtert?

Wenn wir Hilfszügel einsetzen, so werden sie erst in der zweiten Phase eingeschnallt. Dies gibt dem Pferd Gelegenheit, seine eigene Haltung davor und danach zu finden, und uns gleichzeitig die Kontrolle über die Wirkung der Hilfszügel. Die Haltung des Pferdes soll nach dem Einsatz (manchmal braucht es auch zwei, drei Longeneinheiten) des Hilfszügels verbessert sein. Ansonsten muss sich der Ausbilder ein anderes Konzept überlegen.

Seitliche Ausbinder

Sie können mit seitlichen Ausbindern das Pferd am ehesten in die gewünschte Reithaltung bringen. Das Pferd soll durch den starren Ausbinder u.a. lernen, dem Druck der Trense nachzugeben. Zudem geben sie dem Pferd eine seitliche Begrenzung. Bei jungen Pferden werden die Ausbinder auf beiden Seiten gleich lang eingeschnallt. Bei weiter ausgebildeten Pferden kann der innere Ausbinder auch verkürzt werden. Wichtig dabei

Ausbinder sind immer von »lang« auf »kurz« zu schnallen, damit sich das Pferd auf die neue Situation einstellen kann

Das Pferd »verkriecht« sich hinter dem Zügel

ist, dass die seitlichen Ausbinder nicht zu kurz eingeschnallt werden, und das Pferd sich dadurch hinter den Zügel verkriecht. Auch ist jeweils die Höhe des Ausbindens kritisch zu beachten. Das Genick des Pferdes darf nicht tiefer als dessen Kruppe getragen werden. Der Nachteil von seitlichen Ausbindern ist, dass sie keine großen Figurenvariation zulassen (wie z. B. Volten, Wechsel). Wird der Ausbindezügel zu kurz verschnallt, so verkriecht sich das Pferd. Ist er zu lose, steht es über dem Zügel.

Halsverlängerer

Er hilft dem Pferd den Weg vorwärts-abwärts zu finden. Mit dem Halsverlängerer lassen sich sämtliche Figuren, die in diesem Buch beschrieben sind, longieren. Üben Sie die Figuren jedoch zuerst ohne Hilfszügel, damit Sie Ihre Hilfen richtig geben lernen. Der Halsverlängerer wird so eingeschnallt, dass das Pferd eine Begrenzung nach oben erfährt und zwar so, dass das Genick leicht höher getragen werden kann als die Kruppe. Trägt ein Pferd den Kopf sehr hoch, schnalle ich den Halsverlängerer so ein, dass er das Pferd nur einen kleinen Teil nach oben begrenzt. So lernt das Pferd ohne Überforderung die Dehnungshaltung. Der Nachteil ist, dass das »Vorwärts« eingeschränkt ist. Haben Pferde Mühe, im Genick und Hals nachzugeben, so können sie durch die Flexibilität des Gummizuges lernen, dagegen anzugehen.

Das Pferd sucht die Dehnungshaltung

Gogue

Das Gogue zeigt richtig angewandt dem Pferd den Weg nach vorwärts-abwärts. Leider ist es oft schwierig, ein passendes Gogue für kleinere Pferde zu finden. Die meisten müssen von einem Sattler gekürzt werden. Damit lassen sich ebenfalls alle Figuren longieren. Das Gogue wird langsam kürzer geschnallt und auf das Endmaß eingestellt, damit das Pferd die Chance bekommt, sich an die neue Körperhaltung zu gewöhnen.

Das Pferd »steht Kopf« durch den zu kurzen Halsverlängerer

Dreieckszügel

Er bietet dem Pferd eine seitliche Begrenzung und lässt ein gleichzeitig begrenztes Abwärts zu. Auch hier ist die Variationsbreite beim Longieren durch die seitliche Begrenzung eingeschränkt. Der Dreieckszügel ist eine gute Mittelvariante, bevor der starre seitliche Ausbinder eingesetzt wird.

Häufig gestellte Fragen

Wie lange soll das Pferd an der Longe gearbeitet werden?
Je nach Pferd arbeiten wir zwischen fünfzehn und fünfundvierzig Minuten. Bei jungen Pferden haben wir sehr gute Erfahrungen gemacht, wenn wir sie nur kurz, d.h. fünfzehn bis zwanzig Minuten, dann jedoch zweimal am Tag arbeiten. Da die Führübungen auch im Gelände gemacht werden können, so können Sie zum Beispiel während eines Spaziergangs zweimal zehn Minuten gezielt mit Ihrem Pferd arbeiten.Das Pferd soll an der Longe nicht müde gemacht werden, sondern lernen, sich in einer schönen Selbsthaltung zu bewegen.

Ab welchem Alter kann ich anfangen, mein junges Pferd zu arbeiten?
Die TT.E.A.M.-Arbeit als Vorbereitung und die Führübungen können Sie bereits mit einem jungen Pferd (zwei-, dreijährigen Jungtier) beginnen. Das Jungtier sollte jedoch noch die Mögichkeit haben, im Herdenverband seine Jugend zu genießen.
Da ich bei meiner Art des Longierens die Möglichkeit habe, mit großen Figuren zu arbeiten, kann ich bereits mit einem dreijährigen Pferd beginnen.
Wir haben auch schon die Erfahrung gemacht, dass ein Dreijähriger sehr willig mitmachte und dann plötzlich der Punkt kam, wo er eine Pause brauchte. Denken Sie daran, niemand von uns absolvierte die erste bis zehnte Klasse ohne Ferien! Die Pferde verlernen in einer Pause auch nichts; im Gegenteil, oft brauchen sie die Zeit, um das Gelernte zu verarbeiten, und gehen dann mit frischem Elan an die neue Ausbildungsphase heran.

Gibt es Pferde, die sich nicht longieren lassen?
Bis jetzt ist mir das noch nie begegnet. Es gibt immer eine Lösung. Seien Sie einfach kreativ. Sie haben mit diesem Buch eine große Auswahl an Möglichkeiten: der nochmalige Aufbau der Führpositionen, frei longieren, Doppellonge etc.

Welche Pferde sollten nicht mehr longiert werden?
Pferde mit Sehnen-, Bänder- oder Gelenksproblemen sollten nicht longiert werden, außer es ist aus tierärztlicher Sicht unbedenklich.

Soll ich mein Pferd mit Sattel longieren?
Hat ein Pferd gelernt den Sattel zu tragen, so kann es auch mit Sattel longiert werden. Es gibt Studien, die sagen, dass die Muskulatur durch einen sanften Widerstand (wie z. B. durch einen Sattel) zu einem verbesserten Wachstum angeregt wird.

Wie bereite ich mein Pferd auf den Sattel vor?
Hier kennt die TT.E.A.M.-Arbeit viele gute Möglichkeiten. Sie können z. B. eine Körperbandange in der Gurtlage um den Bauch legen oder vorsichtig mit einem Longiergurt beginnen. Viele Tipps dazu finden Sie in den Büchern von Linda Tellington-Jones, die im Kosmos Verlag erschienen sind.

Was tun, wenn mein Pferd an der Longe nicht vorwärts geht?
Es gibt immer wieder Pferde, die an der Longe nicht vorwärts gehen. Vor allem gewisse Kaltblutrassen sind eine Herausforderung für denjenigen, der longiert. Das Longieren über die Gerade mit gleichzeitigem Mitrennen (jedoch in der treibenden Position bleiben) im Trab, Übergänge und das Longieren über und zwischen Stangen und Hindernissen kann diese Pferde zur Mitarbeit anregen. Gerne benutzen wir auch ein Körperseil. Halten Sie die Übungssequenzen sehr kurz. Zehn Minuten am Anfang genügend völlig. Stellen Sie sicher, dass auch Sie genügend Energie haben, Ihr Pferd zu motivieren!

Serviceteil

KLEINES LEXIKON

Anlehnung	ist die Verbindung vom Longierer zum Pferdemaul. Diese Verbindung muss gleichmäßig und weich sein. Beim Longieren mit Hilfszügeln muss ebenfalls eine weiche Anlehnung zwischen Hilfszügel und Gebiss bestehen. Das Pferd darf also keinesfalls durch zu kurze Hilfszügel gewaltsam eingeengt werden
Ausbindezügel	bestehen aus zwei Riemen. Ein Ausbinder wird mit dem einen Ende seitlich am Sattel oder Longiergurt eingeschallt und mit der anderen Seite in den Trensenring eingehakt
Außengalopp	ist beim Longieren absolut unerwünscht: Beim Longieren auf der rechten Hand, also rechts herum, soll das Pferd im Rechtsgalopp gehen, auf der linken Hand im Linksgalopp. Den richtigen Galopp erkennt man daran, dass beispielsweise im Rechtsgalopp das rechte Vorderbein und das rechte Hinterbein weiter nach vorne greifen
Bandagen	oder Gamaschen schützen die Pferdebeine beim Longieren vor Verletzungen
Biegung	sieht man daran, dass Vorderbeine und Hinterbeine in die gleiche Linie treten. Das Pferd soll auf dem Longierzirkel in seiner ganzen Längsachse gebogen sein
Chambon	Hilfszügel. Besteht aus drei Teilen: Eine Art kurzer Stoßzügel führt vom Gurt durch die Vorderbeine des Pferdes. Hier wird ein Seil eingehängt, das zum Genick führt, wo es durch die seitlichen Ringes eines Genickstücks läuft. Die Seilenden werden in die Gebissringe eingehakt
Dehnungshaltung	bedeutet, dass das Pferd sich vorwärts-abwärts streckt. Es soll entspannt vorwärts gehen
Doppellonge	ist eine Ausbildungsmethode, bei der das Pferd zwischen den beiden Longenenden läuft. Die Longe, die das Pferd sozusagen einrahmt, ermöglicht es, sowohl innen als auch außen auf das Pferd einzuwirken. Das ist zum Beispiel hilfreich, wenn das Pferd korrekt gebogen werden soll
Dreieckszügel	Hilfszügel. Sie werden ähnlich wie der Laufferzügel verschnallt. Das untere Ende des Dreieckszügels wird zwischen den Vorderbeinen des Pferdes am Gurt befestigt
Gogue	ist ein Hilfszügel, der fast wie ein Chambon benutzt wird. Allerdings wird das Seil hier vom Genick durch die Trensenringe zurück zur Brust geführt und wieder in den Riemen, der zum Gurt führt, eingehakt
Hankenbeugung	zeigt, dass das Pferd mit den Hinterbeinen weit unter seinen Körper tritt und zunehmend Last aufnimmt. Die Hinterhand des Pferdes wird hierbei stärker gebeugt

Hilfszügel	werden beim Longieren am Sattel oder Longiergurt verschnallt. Je nach Ausbildungsstand des Pferdes werden sie höher oder tiefer eingeschallt. Ein tief eingehängter Hilfszügel dehnt das Pferd vorwärts-abwärts, ein hoch verschnallter Hilfszügel fördert die Aufrichtung
Kappzaum	wird ähnlich wie eine Trense am Kopf verschnallt. Mit ihm wird nicht über das Gebiss auf das Pferd eingewirkt, sondern über einen gepolsterten Stahlbügel, der auf dem Nasenbein aufliegt
Kreuzgalopp	läuft ein Pferd, das vorne im Linksgalopp und hinten im Rechtsgalopp galoppiert oder umgekehrt. Zu erkennen ist der Kreuzgalopp daran, dass er holprig aussieht und der Dreitakt der Galopps verloren geht
Laufferzügel	ist ein Hilfszügel, der aus zwei Teilen besteht. Jeder dieser Zügel wird seitlich (etwa in Höhe des Buggelenks) am Sattel oder Longiergurt verschnallt, durch den Trensenring geführt und wieder am Longiergurt oder Sattel eingeschnallt. Zwischen beiden Enden sollen etwa 30 cm Abstand sein, sodass ein Dreieck entsteht
Longiergurt	liegt auf der Sattellage und hat möglichst viele Befestigungsmöglichkeiten für Hilfszügel oder Doppellonge
Longierzirkel	kann man sich in einer Reithalle oder auf einem Platz mit Bändern abstecken. Ideal ist natürlich ein extra umzäunter Longierzirkel, auf dem man ungestört arbeiten kann. Der Durchmesser muss 12–16 Meter betragen
Losgelassenheit	ist ein wichtiges Ausbildungsziel. Ein losgelassenes Pferd läuft taktklar und dehnt sich vorwärts-abwärts
Pilar	ist ein Pfosten oder eine Säule, die im Mittelpunkt des Longierzirkels steht
Roundpen	nennen die Westernreiter ihren Longierzirkel, der mit bis zu zwei Meter hohen Wänden das Pferd vor Störungen von außen schützt. Der Durchmesser ist mit 12–16 Metern ebenso groß wie der Longierzirkel
Schwung	bedeutet, dass das Pferd mit viel Kraft aus der Hinterhand tritt. Im Trab und Galopp sieht man die Schwebephase
Steigbügel	müssen beim Longieren so am Sattel befestigt werden, dass sie nicht herunterrutschen und gegen das Pferd schlagen. Dazu zieht man den Steigbügelriemen von unten durch den hochgezogenen Steigbügel und durch das Ende des Steigbügelriemens, der in der Schlaufe gesichert wird
Takt	meint, dass das Pferd sich in allen Gangarten gleichmäßig und rhythmisch bewegt. Es darf nicht einzelne Schritte verlängern oder verkürzen
Verwerfen	kann sich ein Pferd, indem es den Kopf schief hält, um der Zügelhilfe oder der Einwirkung durch Longe oder Hilfszügel zu entgehen. Man kann das Verwerfen gut daran sehen, dass die Ohren des Pferdes nicht auf gleicher Höhe sind

NÜTZLICHE ADRESSEN

Deutsche Reiterliche Vereinigung e.V. (FN)
Freiherr-von-Langen-Str. 13
48321 Warendorf
Tel. 02581-63620
Fax 02582-62144
www.fn-dokr.de

FS Test Zentrum Reken
Frankenstr. 37
48734 Reken
Tel. 02864-24 34
Fax 02864-58 60
www.fs-reitzentrum.de

TTEAM Deutschland
Bibi Degn
Hassel 4
57589 Pracht
Tel. 02682-88 86
Fax 02682-66 83
www.tteam.de

TTEAM Österreich
Ruth & Martin Lasser
Anningerstr. 18
A-2353 Guntramsdorf
Tel. 02236-47 00 0
Fax 02236-47 07 0
www.teamoffice.at

TTEAM Schweiz
Doris Süess-Schröttle
Mascot Ausbildungszentrum AG
CH-8566 Neuwilen
Tel. 071-69 91 825
Fax 071-69 91 827
www.mascot-ausbildung.ch

Vereinigung der Freizeitreiter in Deutschland e.V.
Am Bauernwald 5b
81739 München
Tel. 089-60 60 81 68 / Fax 089-60 60 81 23
www.vfdnet.de

ZUM WEITERLESEN

BINDER, SIBYLLE UND KÄRCHER, GABY: Horse Feelings; Die Welt der Pferde: frei, geheimnisvoll, faszinierend, Stuttgart 2001

GAWANI PONY BOY: Horse, follow closely; Indianisches Pferdetraining – Gedanken und Übungen, Stuttgart 1999

GOHL, CHRISTIANE: Was der Stallmeister noch wusste; Altes Wissen bewahren und nutzen, Mit neuen Tipps und Tricks, Stuttgart 1998

GOHL, CHRISTIANE: Pferdekunde; Basiswissen rund ums Pferd, Stuttgart 1999

HINRICHS, RICHARD: Pferde schulen an der Hand; Wege zum Lösen und Versammeln, Stuttgart 1999

HOFFMANN, MARLIT: Marlit Hoffmanns Trickkiste; Profi-Tipps zum besseren Reiten, Stuttgart 2000

HOFFMANN, MARLIT UND KARL: Reiterrallyes Reiterspiele; Vorbereitung auf Allround-Wettbewerbe, Spiel und Spaß, Stuttgart 1998

PENQUITT, NATHALIE: Erste Schritte unter dem Sattel; Junge Pferde selber ausbilden, Stuttgart 1999

PENQUITT, NATHALIE: Nathalie Penquitts Pferdeschule; Zauber der Verständigung, Stuttgart 1996

SCHMID-NEUHAUS, ANGELIKA: Das große Fitnessprogramm für Pferde; Die drei Elemente zum Erfolg: Massage, geslöstes Reiten, Sattelcheck, Stuttgart 2000

Schöning, Barbara: ClickerTraining für Pferde, Stuttgart 2000

STAHLECKER, FRITZ: Dressurreiten; Die Hand-Sattel-Hand-Methode, Stuttgart 2000

TELLINGTON-JONES, LINDA: Die Linda Tellington-Jones Reitschule, Stuttgart 1996

TELLINGTON-JONES, LINDA: Die Persönlichkeit Ihres Pferdes; Die Kunst, Charakter und Temperament Ihres Pferdes zu bestimmen und positiv zu beeinflussen, Stuttgart 1995

TELLINGTON-JONES, LINDA: Trainingsplan TTeam Bodenarbeit, Stuttgart 1998

TELLINGTON-JONES, LINDA: Trainingsplan TTouch I, Stuttgart 1998

TELLINGTON-JONES, LINDA: Liebe Linda; Pferdefreunde fragen Linda Tellington-Jones, Stuttgart 1997

Videos:

PENQUITT, NATHALIE: Nathalie Penquitts Pferdeschule; Zauber der Verständigung, Stuttgart 1997

Stuttgart 1996TELLINGTON-JONES, LINDA: Die Persönlichkeit Ihres Pferdes, Stuttgart 2000

TELLINGTON-JONES, LINDA: Reiten nach der TTEAM-Methode, Stuttgart 1999

TELLINGTON-JONES, LINDA: TTEAM-Bodenarbeit, Stuttgart 2000

TELLINGTON-JONES, LINDA: TTouch für Dressurpferde, Stuttgart 1995

TELLINGTON-JONES, LINDA: TTouch für Springpferde, Stuttgart 1996

BILDNACHWEIS

Mit 151 Farbfotos von: Jean Christen / Kosmos (S. 30/31), Felix von Döring / Kosmos (S. 7, 9), Krämer Pferdesport / Hockenheim (S. 5), Hans Kuczka, Wetter (S. 1, 8, 23, 36/37, 92), Gaby Landau, Stuttgart (S. 10 oben, 121), Lothar Lenz, Cochem (S. 10 unten, 11, 25, 46, 47, 48, 93, 96, 97, 98/99), Mascot, CH-Neuwilen (S. 49), Julia Rau, Mainz-Hechtsheim (S. 15 unten), Ralf Roppelt / Kosmos (S. 31, 38 oben, 59), Horst Streitferdt / Kosmos (S. 13, 22), Sabine Stuewer, Darmstadt (S. 15 oben), Ute Tietje / Kosmos (S. 16), Carola Toischel, Wiesbaden-Delkenheim (S. 15 mitte). Alle anderen Christof Salata / Kosmos.
Die Zeichnungen im Innenteil erstellte Jeanne Peter, Atelier für Illustrationen, CH-Zürich (S. 14, 28).

IMPRESSUM

Umschlag von Atelier Reichert, Stuttgart; Titelfotos von Christof Salata / Kosmos (großes Motiv) und Cira Moro / Kosmos (kleines Motiv). Foto auf dem Buchrücken von Bernd Schellhammer, Groß-stadelhofen.

Die Deutsche Bibliothek – CIP-Einheitsaufnahme

Ein Titelsatz für diese Publikation ist bei der Deutschen Bibliothek erhältlich

Gedruckt auf chlorfrei gebleichtem Papier

ISBN 3-440-08868-5
Redaktion: Katja Metzler
Produktion: Claudia Kupferer / Kirsten Raue
Gestaltungskonzept: eStudio Calamar
Satz: Atelier Krohmer, Dettingen/Erms
Printed in Germany / Imprimé en Allemagne
Druck und Binden: Westermann Druck Zwickau GmbH, Zwickau

REGISTER